JULIE,

OU

LA NOUVELLE HELOÏSE.

TOME CINQUIEME.

LETTRES

DE DEUX AMANS,

Habitans d'une petite Ville
au pied des Alpes.

RECUEILLIES ET PUBLIÉES

Par J. J. ROUSSEAU.

CINQUIEME PARTIE.

A AMSTERDAM,

Chez MARC MICHEL REY.

MDCCLXI.

LETTRES

DE DEUX AMANS,

HABITANS D'UNE PETITE VILLE, AU PIED DES ALPES.

CINQUIEME PARTIE.

LETTRE I.

De Milord Edouard (*).

SOrs de l'enfance, ami, reveille-toi. Ne livre point ta vie entiere au long sommeil de la raison. L'âge s'écoule,

il

(*) Cette lettre paroit avoir été écritte avant la réception de la précédente.

il ne t'en reste plus que pour être sage. A trente ans passés, il est tems de songer à soi; commence donc à rentrer en toi-même, & sois homme une fois avant la mort.

Mon cher, votre cœur vous en a longtems imposé sur vos lumieres. Vous avez voulu philosopher avant d'en être capable; vous avez pris le sentiment pour de la raison, & content d'estimer les choses par l'impression qu'elles vous ont faite, vous avez toujours ignoré leur véritable prix. Un cœur droit est, je l'avoue, le premier organe de la vérité; celui qui n'a rien senti ne sait rien apprendre; il ne fait que floter d'erreurs en erreurs, il n'acquiert qu'un vain savoir & de stériles connoissances, parce que le vrai raport des choses à l'homme, qui est sa principale science, lui demeure toujours caché. Mais c'est se borner à la premiere moitié de cette science que de ne pas étudier encore les

les raports qu'ont les chofes entre elles, pour mieux juger de ceux qu'elles ont avec nous. C'eft peu de connoitre les paffions humaines, fi l'on n'en fait apprécier les objets; & cette feconde étude ne peut fe faire que dans le calme de la méditation.

La jeuneffe du fage eft le tems de fes expériences, fes paffions en font les inftrumens; mais après avoir appliqué fon ame aux objets extérieurs pour les fentir, il la retire au dedans de lui pour les confidérer, les comparer, les connoitre. Voila le cas où vous devez être plus que perfonne au monde. Tout ce qu'un cœur fenfible peut éprouver de plaifirs & depeines a rempli le votre; tout ce qu'un homme peut voir, vos yeux l'ont vû. Dans un efpace de douze ans vous avez épuifé tous les fentimens qui peuvent être épars dans une longue vie, & vous avez aquis, jeune encore, l'expé-

A 2

rience

rience d'un vieillard. Vos premieres obfervations fe font portées fur des gens fimples & fortant prefque des mains de la nature, comme pour vous fervir de piece de comparaifon. Exilé dans la capitale du plus célebre peuple de l'univers, vous êtes fauté, pour ainfi dire à l'autre extrémité : le génie fupplée aux intermédiaires. Paffé chez la feule nation d'hommes qui refte parmi les troupeaux divers dont la terre eft couverte, fi vous n'avez pas vû regner les loix, vous les avez vû du moins exifter encore ; vous avez appris à quels fignes on reconnoit cet organe facré de la volonté d'un peuple, & comment l'empire de la raifon publique eft le vrai fondement de la liberté. Vous avez parcouru tous les climats, vous avez vu toutes les régions que le foleil éclaire. Un fpectacle plus rare & digne de l'œil du fage, le fpectacle d'une ame fublime & pure, triomphant de fes paffions & regnant fur elle-même eft celui

dont

dont vous jouïſſez. Le premier objet qui frappa vos regards eſt celui qui les frappe encore, & votre admiration pour lui n'eſt que mieux fondée après en avoir contemplé tant d'autres. Vous n'avez plus rien à ſentir ni à voir qui mérite de vous occuper. Il ne vous reſte plus d'objet à regarder que vous-même, ni de jouïſſance à goûter que celle de la ſageſſe. Vous avez vécu de cette courte vie; ſongez à vivre pour celle qui doit durer.

Vos paſſions, dont vous futes longtems l'eſclave, vous ont laiſſé vertueux. Voila toute votre gloire; elle eſt grande, ſans doute, mais ſoyez en moins fier. Votre force même eſt l'ouvrage de votre foibleſſe. Savez-vous ce qui vous a fait aimer toujours la vertu? Elle a pris à vos yeux la figure de cette femme adorable qui la répréſente ſi bien, & il ſeroit difficile qu'une ſi chere image vous en laiſſât perdre le goût. Mais ne l'aimerez-vous jamais pour elle seule, & n'irez-vous point au bien par vos propres forces, comme Julie a fait par les siennes? Entousiaste oisif de ses vertus, vous bornerez-vous sans cesse à les admirer, sans les imiter jamais? Vous parlez avec chaleur de la maniere dont elle remplit ses devoirs d'épouse & de mere; mais vous, quand remplirez-vous vos devoirs d'homme & d'ami à son exemple? Une femme a triomphé d'elle-même, & un philosophe a peine à se vaincre! Voulez-vous donc n'être toujours qu'un discoureur comme les autres, & vous borner à faire de bons livres, au lieu de bonnes actions (*)? Prenez-y garde, mon cher;

(*) Non, ce siecle de la philosophie ne passera point sans avoir produit un vrai Philosophe. J'en connois un, un seul, j'en conviens; mais c'est beaucoup encore, & pour comble de bonheur, c'est dans mon pays qu'il existe. L'oserai-je nommer ici, lui dont la véritable gloire est d'avoir su rester peu connu? Savant & mo-

deste

cher; il regne encore dans vos lettres un ton de moleſſe & de langueur qui me dé-plait, & qui eſt bien plus un reſte de votre

deſte Abauzit, que votre ſublime ſimplicité pardonne à mon cœur un zele qui n'a point votre nom pour objet. —Non, ce n'eſt pas vous que je veux faire connoître à ce ſiecle indigne de vous admirer; c'eſt Geneve que je veux illuſtrer de votre ſéjour; ce ſont mes Concitoyens que je veux honorer de l'honneur qu'ils vous rendent. Heureux le pays où le mérite qui ſe cache en eſt d'autant plus eſtimé! Heureux le peuple où la jeuneſſe altiere vient abbaiſſer ſon ton dogmatique & rougir de ſon vain ſavoir, devant la docte ignorance du ſage! Vénérable & vertueux vieillard! vous n'aurez point été prôné par les beaux-eſprits; leurs bruyantes Académies n'auront point retenti de vos éloges; au lieu de dépoſer comme eux votre ſageſſe dans des livres, vous l'aurez miſe dans votre vie pour l'exemple de la patrie que vous avez daigné vous choiſir, que vous aimez, & qui vous reſpecte. Vous avez vécu comme Socrate; mais il mourut par la main de ſes concitoyens, & vous êtes chéri des vôtres.

A 4

votre paffion qu'un effet de votre caractere. Je hais par tout la foibleffe, & n'en
veux point dans mon ami. Il n'y a point
de vertu fans force, & le chemin du vice
eft la lâcheté. Ofez-vous bien compter
fur vous avec un cœur fans courage?
Malheureux! Si Julie étoit foible, tu fuc-
comberois demain & ne ferois qu'un vil
adultere. Mais te voila refté feul avec
elle; apprends à la connoitre, & rougis
de toi.

J'efpere pouvoir bientôt vous aller joindre. Vous favez à quoi ce voyage eft def-
tiné. Douze ans d'erreurs & de troubles
me rendent fufpect à moi-même; pour
refifter j'ai pu me fuffire, pour choifir il
me faut les yeux d'un ami; & je me
fais un plaifir de rendre tout commun
entre nous; la reconnoiffance auffi bien
que l'attachement. Cependant, ne vous y
trompez pas; avant de vous accorder ma
confiance, j'examinerai fi vous en êtes digne,

gne, & si vous méritez de me rendre les soins que j'ai pris de vous. Je connois votre cœur, j'en suis content; ce n'est pas assés; c'est de votre jugement que j'ai besoin dans un choix où doit présider la raison seule, & où la mienne peut m'abuser. Je ne crains pas les passions qui, nous faisant une guerre ouverte, nous avertissent de nous mettre en deffense, nous laissent, quoiqu'elles fassent, la conscience de toutes nos fautes, & auxquelles on ne cede qu'autant qu'on leur veut ceder. Je crains leur illusion qui trompe au lieu de contraindre, & nous fait faire sans le savoir, autre chose que ce que nous voulons. On n'a besoin que de soi pour réprimer ses penchans; on a quelquefois besoin d'autrui pour discerner ceux qu'il est permis de suivre, & c'est à quoi sert l'amitié d'un homme sage qui voit pour nous sous un autre point de vue les objets que nous avons intérêt à bien connoitre. Son-

A 5

gez

gez donc à vous examiner & dites-vous ſi toujours en proye à de vains regrets vous ſerez à jamais inutile à vous & aux autres, ou ſi reprenant enfin l'empire de vous-même vous voulez mettre une fois votre ame en état d'éclairer celle de votre ami.

Mes affaires ne me retiennent plus à Londres que pour une quinzaine de jours; je paſſerai par notre armée de Flandres où je compte reſter encore autant; de ſorte que vous ne devez guere m'attendre avant la fin du mois prochain ou le commencement d'octobre. Ne m'écrivez plus à Londres mais à l'armée ſous l'addreſſe ci-jointe. Continuez vos deſcriptions; malgré le mauvais ton de vos lettres elles me touchent & m'inſtruiſent; elles m'inſpirent des projets de retraite & de repos convenables à mes maximes & à mon âge. Calmez ſurtout l'inquiétude que vous m'avez donnée ſur Madame de Wolmar: ſi ſon ſort n'eſt pas heureux, qui doit oſer aſpirer

à

à l'être? Après le détail qu'elle vous a fait, je ne puis concevoir ce qui manque à son bonheur. (*)

(*) Le galimathias de cette Lettre me plait, en ce qu'il eſt tout à fait dans le caractere du bon Edouard, qui n'eſt jamais ſi philoſophe que quand il fait des ſotiſes, & ne raiſonne jamais tant que quand il ne fait ce qu'il dit.

LETTRE II.

A Milord Edouard.

OUi, Milord, je vous le confirme a-
vec des tranſports de joye, la ſcene
de Meillerie a été la criſe de ma folie &
de mes maux. Les explications de M.
de Wolmar m'ont entierement raſſuré ſur
le véritable état de mon cœur. Ce cœur
trop foible eſt gueri tout autant qu'il peut
l'être, & je prefere la triſteſſe d'un regret
imaginaire à l'effroi d'être ſans ceſſe aſſie-
gé par le crime. Depuis le retour de ce
digne ami, je ne balance plus à lui donner un nom ſi cher & dont vous m'avez ſi
bien fait ſentir tout le prix. C'eſt le
moindre titre que je doive à quiconque
aide à me rendre à la vertu. La paix eſt
au fond de mon ame comme dans le ſéjour que j'habite. Je commence à m'y

voir

voir fans inquiétude, à y vivre comme chez moi; & fi je n'y prends pas tout à fait l'autorité d'un maitre, je fens plus de plaifir encore à me regarder comme l'enfant de la maifon. La fimplicité, l'égalité que j'y vois regner ont un attrait qui me touche & me porte au refpect. Je paffe des jours ferains entre la raifon vivante & la vertu fenfible. En fréquentant ces heureux époux, leur afcendant me gagne & me touche infenfiblement, & mon cœur fe met par degrès à l'uniffon des leurs, comme la voix prend fans qu'on y fonge le ton des gens avec qui l'on parle.

Quelle retraite délicieufe! quelle charmante habitation! Que la douce habitude d'y vivre en augmente le prix! & que, fi l'afpect en paroit d'abord peu brillant, il eft difficile de ne pas l'aimer auffi-tôt qu'on la connoit! Le goût que prend Madame de Wolmar à remplir fes no-

bles

bles devoirs, à rendre heureux & bons
ceux qui l'approchent; se communique à
tout ce qui en est l'ôbjet, à son mari, à
ses enfans, à ses hôtes, à ses domestiques.
Le tumulte, les jeux bruyans, les longs
éclats de rire ne retentissent point dans ce
paisible séjour; mais on y trouve partout
des cœurs contens & des visages gais. Si
quelquefois on y verse des larmes, elles
sont d'attendrissement & de joye. Les
noirs soucis, l'ennui, la tristesse n'approchent pas plus d'ici que le vice & les remords dont ils sont le fruit.

Pour elle, il est certain qu'excepté la
peine secrette qui la tourmente & dont je
vous ai dit la cause dans ma précedente
lettre (*), tout concourt à la rendre heureuse. Cependant avec tant de raisons de
l'être, mille autres se désoleroient à sa place.

(*) Cette précedente lettre ne se trouve
pbint. On en verra ci-après la raison.

ce. Sa vie uniforme & retirée leur feroit insupportable ; elles s'impatienteroient du tracas des enfans ; elles s'ennuyeroient des foins domestiques ; elles ne pourroient souffrir la campagne ; la fagesse & l'estime d'un mari peu caressant ne les dédomageroient ni de fa froideur ni de fon âge ; fa présence & fon attachement même leur feroient à charge. Ou elles trouveroient l'art de l'écarter de chez lui pour y vivre à leur liberté, ou s'en éloignant elles-mêmes, elles méprisroient les plaisirs de leur état, elles en chercheroient au loin de plus dangereux, & ne feroient à leur aise dans leur propre maison que quand elles y feroient étrangeres. Il faut une ame faine pour fentir les charmes de la retraite ; on ne voit guere que des gens de bien fe plaire au fein de leur famille & s'y renfermer volontairement ; s'il est au monde une vie heureuse, c'est fans doute celle qu'ils y passent : Mais les instrumens du

bon-

bonheur ne sont rien pour qui ne sait pas les mettre en œuvre, & l'on ne sent en quoi le vrai bonheur consiste qu'autant qu'on est propre à le goûter.

S'il faloit dire avec précision ce qu'on fait dans cette maison pour être heureux, je croirois avoir bien répondu en disant *on y sait vivre*; non dans le sens qu'on donne en France à ce mot, qui est d'avoir avec autrui certaines manieres établies par la mode; mais de la vie de l'homme, & pour laquelle il est né; de cette vie dont vous me parlez, dont vous m'avez donné l'exemple, qui dure au delà d'elle-même, & qu'on ne tient pas pour perdue au jour de la mort.

Julie a un pere qui s'inquiéte du bien-être de sa famille; elle a des enfans à la subsistance desquels il faut pourvoir convenablement. Ce doit être le principal soin de l'homme sociable, & c'est aussi le premier dont elle & son mari se font conjoin-

tement

tement occupés. En entrant en ménage
ils ont examiné l'état de leurs biens ; ils
n'ont pas tant régardé s'ils étoient propor-
tionnés à leur condition qu'à leurs befoins,
& voyant qu'il n'y-avoit point de famille
honnête qui ne dut s'en contenter , ils
n'ont pas eu affés mauvaife opinion de
leurs enfans pour craindre que le patrimoine qu'ils ont à leur laiffer ne leur put fuffire. Ils fe font donc appliqués à l'améliorer
plutôt qu'à l'étendre ; ils ont placé leur
argent plus furemént qu'avantageufement ;
au lieu d'acheter de nouvelles terres , ils
ont donné un nouveau prix à celles qu'ils
avoient déja, & l'exemple de leur conduite
eft le feul tréfor dont ils veuillent accroitre
leur héritage.

Il eft vrai qu'un bien qui n'augmente
point eft fujet à diminuer par mille accidens ; mais fi cette raifon eft un motif
pour l'augmenter une fois, quand ceffera-t-
elle d'être un prétexte pour l'augmenter
tou-

toujours? Il faudra le partager à plusieurs
enfans; mais doivent-ils rester oisifs? Le
travail de chacun n'est-il pas un supplément
à son partage, & son industrie ne doit-elle
pas entrer dans le calcul de son bien? L'in-
satiable avidité fait ainsi son chemin sous
le masque de la prudence, & mène au vice à force de chercher la sureté. C'est en
vain, dit M. de Wolmar, qu'on prétend
donner aux choses humaines une solidité qui
n'est pas dans leur nature. La raison même
veut que nous laissions beaucoup de choses
au hazard, & si notre vie & notre fortune
en dépendent toujours malgré nous, quelle
folie de se donner sans cesse un tourment
réel pour prévenir des maux douteux & des
dangers inévitables! La seule précaution
qu'il ait prise à ce sujet a été de vivre un
an sur son capital, pour se laisser autant
d'avance sur son revenu; de sorte que le
produit anticipe toujours d'une année sur
la dépense. Il a mieux aimé diminuer un
peu

peu fon fond que d'avoir fans ceffe à courir après fes rentes. L'avantage de n'être point réduit à des expédiens ruineux au moindre accident imprévu l'a déja rembourfé bien des fois de cette avance. Ainfi l'ordre & la regle lui tiennent lieu d'épargne, & il s'enrichit de ce qu'il a dépenfé.

Les maitres de cette maifon jouïffent d'un bien médiocre felon les idées de fortune qu'on a dans le monde; mais au fond je ne connois perfonne de plus opulent qu'eux. Il n'y a point de richeffe abfolue. Ce mot ne fignifie qu'un rapport de furabondance entre les défirs & les facultés de l'homme riche. Tel eft riche avec un arpent de terre; tel eft gueux au milieu de fes monceaux d'or. Le defordre & les fantaifies n'ont point de bornes, & font plus de pauvres que les vrais befoins. Ici la proportion eft établie fur un fondement qui la rend inébranlable, favoir le parfait accord des deux époux. Le mari s'eft chargé du

recou-

recouvrement des rentes, la femme en dirige l'emploi, & c'eft dans l'harmonie qui regne entre eux qu'eft la fource de leur richeffe.

Ce qui m'a d'abord le plus frappé dans cette maifon, c'eft d'y trouver l'aifance, la liberté la gaité au milieu de l'ordre & de l'exactitude. Le grand défaut des maifons bien réglées eft d'avoir un air trifte & contraint. L'extrême follicitude des chefs fent toujours un peu l'avarice. Tout refpire la gêne autour d'eux; la rigueur de l'ordre a quelque chofe de fervile qu'on ne fupporte point fans peine. Les Domeftiques font leur devoir, mais ils le font d'un air mécontent & craintif. Les hôtes font bien reçus, mais ils n'ufent qu'avec défiance de la liberté qu'on leur donne, & comme on s'y voit toujours hors de la regle, on n'y fait rien qu'en tremblant de fe rendre indifcret. On fent que ces peres efclaves ne vivent point pour eux, mais pour leurs enfans;

fans ; fans fonger qu'ils ne font pas feulement peres , mais hommes , & qu'ils doivent à leurs enfans l'exemple de la vie de
l'homme & du bonheur attaché à la fageffe. On fuit ici des regles plus judicieufes.
On y penfe qu'un des principaux devoirs
d'un bon pere de famille n'eft pas feulement de rendre fon féjour riant afin que
fes enfans s'y plaifent , mais d'y mener
lui-même une vie agréable & douce, afin
qu'ils fentent qu'on eft heureux en vivant
comme lui, & ne foient jamais tentés de
prendre pour l'être une conduite oppofée
à la fienne. Une des maximes que M. de
Wolmar repete le plus fouvent au fujet
des amufemens des deux Coufines, eft que
la vie trifte & mefquine des peres & meres eft prefque toujours la premiere fource du defordre des enfans.

Pour Julie, qui n'eut jamais d'autre regle que fon cœur & n'en fauroit avoir de
plus fûre, elle s'y livre fans fcrupule, &

pour

pour bien faire, elle fait tout ce qu'il lui
demande. Il ne laisse pas de lui demander beaucoup, & personne ne fait mieux
qu'elle mettre un prix aux douceurs de la
vie. Comment cette ame si sensible seroit-
elle insensible aux plaisirs? Au contraire,
elle les aime, elle les recherche, elle ne
s'en refuse aucun de ceux qui la flatent;
on voit qu'elle sait les goûter : mais ces
plaisirs sont les plaisirs de Julie. Elle ne
néglige ni ses propres comodités ni celles
des gens qui lui sont chers, c'est à dire,
de tous ceux qui l'environnent. Elle ne
compte pour superflu rien de ce qui peut
contribuer au bien-être d'une personne
sensée; mais elle appelle ainsi tout ce qui
ne sert qu'à briller aux yeux d'autrui, de
sorte qu'on trouve dans sa maison le luxe
de plaisir & de sensualité sans rafinement
ni molesse. Quant au luxe de magnificence & de vanité, on n'y en voit que ce
qu'elle n'a pu refuser au goût de son pere;

re; encore y reconnoit-on toujours le sien qui consiste à donner moins de lustre & d'éclat que d'élégance & de grace aux choses. Quand je lui parle des moyens qu'on invente journellement à Paris ou à Londres pour suspendre plus doucement les Carrosses, elle approuve assés cela; mais quand je lui dis jusqu'à quel prix on a poussé les vernis, elle ne me comprend plus, & me demande toujours si ces beaux vernis rendent les Carrosses plus comodes? Elle ne doute pas que je n'exagere beaucoup sur les peintures scandaleuses dont on orne à grands fraix ces voitures au lieu des armes qu'on y mettoit autrefois, comme s'il étoit plus beau de s'annoncer aux passans pour un homme de mauvaises mœurs que pour un homme de qualité! Ce qui l'a surtout révoltée a été d'apprendre que les femmes avoient introduit ou soutenu cet usage, & que leurs Carrosses ne se distinguoient de ceux des

hom-

hommes que par des tableaux un peu plus lafcifs. J'ai été forcé de lui citer là-def-fus un mot de votre illuftre ami qu'elle a bien de la peine à digérer. J'étois chez lui un jour qu'on lui montroit un vis-à-vis de cette efpece. A peine eut-il jetté les yeux fur les panneaux, qu'il partit en di-fant au maitre, montrez ce Carroffe à des femmes de la Cour; un honnête-homme n'oferoit s'en fervir.

Comme le premier pas vers le bien eft de ne point faire de mal, le premier pas vers le bonheur eft de ne point fouffrir. Ces deux maximes qui bien entendues é-pargneroient beaucoup de préceptes de morale, font cheres à Madame de Wol-mar. Le mal-être lui eft extrêmement fen-fible & pour elle & pour les autres, & il ne lui feroit pas plus aifé d'être heureufe en voyant des miférables, qu'à l'homme droit de conferver fa vertu toujours pure, en vivant fans ceffe au milieu des méchans.

Elle

Elle n'a point cette pitié barbare qui se contente de détourner les yeux des maux qu'elle pourroit soulager. Elle les va chercher pour les guerir ; c'est l'existence & non la vue des malheureux qui la tourmente: il ne lui suffit pas de ne point savoir qu'il y en a, il faut pour son repos qu'elle sache qu'il n'y en a pas, du moins autour d'elle : car ce seroit sortir des termes de la raison que de faire dépendre son bonheur de celui de tous les hommes. Elle s'informe des besoins de son voisinage avec la chaleur qu'on met à son propre intérêt ; elle en connoit tous les habitans ; elle y étend, pour ainsi dire, l'enceinte de sa famille, & n'épargne aucun soin pour en écarter tous les sentimens de douleur & de peine auxquels la vie humaine est assujetie.

Milord, je veux profiter de vos leçons ; mais pardonnez-moi un enthousiasme que je ne me reproche plus & que vous partagez. Il n'y aura jamais qu'une Julie au monde. La providence a veillé fur elle, & rien de ce qui la regarde n'eft un effet du hazard. Le Ciel femble l'avoir donnée à la terre pour y montrer à la fois l'excellence dont une ame humaine eft fufceptible, & le bonheur dont elle peut jouïr dans l'obfcurité de la vie privée, fans le fecours des vertus éclatantes qui peuvent l'élever au deffus d'elle-même, ni de la gloire qui les peut honorer. Sa faute, fi c'en fut une, n'a fervi qu'à déployer fa force & fon courage. Ses parens, fes amis, fes domeftiques, tous heureufement nés, étoient faits pour l'aimer & pour en être aimés. Son pays étoit le feul où il lui convint de naitre, la fimplicité qui la rend fublime, devoit regner autour d'elle; il lui faloit pour être heureufe vivre parmi des gens heureux. Si pour fon malheur elle fut née chez des peuples infortunés qui gémiffent fous le poids de l'oppreffion, &

lut-

luttent fans efpoir & fans fruit contre la mifere qui les confume, chaque plainte des opprimés eut empoifonné fa vie; la défolation commune l'eut accablée, & fon cœur bienfaifant, epuifé de peine & d'ennuis, lui eut fait éprouver fans ceffe les maux qu'elle n'eut pu foulager.

Au lieu de cela, tout anime & foutient ici fa bonté naturelle. Elle n'a point à pleurer les calamités publiques. Elle n'a point fous. les yeux l'image affreufe de la mifere & du defefpoir. Le Villageois à fon aife (*) a plus befoin de fes avis que

de

( ) Il y a près de Clarens un Village appellé Moutru, dont la Commune feule eft affés riche pour entretenir tous les Communiers, n'euffent - ils pas un pouce de terre en propre. Auffi la bourgeoifie de ce village eft-elle prefque auffi difficile à acquérir que celle de Berne. Quel dommage qu'il n'y ait pas là quelque honnête-homme de fubdélégué, pour rendre Meffieurs de Moutru plus fociables, & leur bourgeoifie un peu moins chere!

de ſes dons. S'il ſe trouve quelque orphe-
lin trop jeune pour gagner ſa vie, quelque veuve oubliée qui ſouffre en ſecret,
quelque vieillard ſans enfants, dont les
bras affoiblis par l'âge ne fourniſſent plus
à ſon entretien, elle ne craint pas que ſes
bienfaits leur deviennent onéreux, & faſ-
ſent aggraver ſur eux les charges publiques
pour en exempter des coquins accrédités.
Elle jouït du bien qu'elle fait, & le voit
profiter. Le bonheur qu'elle goûte ſe mul-
tiplie & s'étend autour d'elle. Toutes les
maiſons où elle entre offrent bientôt un tableau de la ſienne; l'aiſance & le bien-être
y ſont une de ſes moindres influences, la
concorde & les mœurs la ſuivent de ménage en ménage. En ſortant de chez elle ſes
yeux ne ſont frapés que d'objets agréables;
en y rentrant elle en retrouve de plus doux
encore; elle voit par tout ce qui plait à
ſon cœur, & cette ame ſi peu ſenſible à
l'amour-propre apprend à s'aimer dans ſes

bien-

bienfaits. Non, Milord, je le repete; rien de ce qui touche à Julie n'eſt indifférent pour la vertu. Ses charmes, ſes talens, ſes goûts, ſes combats, ſes fautes, ſes regrets, ſon ſéjour, ſes amis, ſa famille, ſes peines, ſes plaiſirs & toute ſa deſtinée, font de ſa vie un exemple unique, que peu de femmes voudront imiter, mais qu'elles aimeront en dépit d'elles.

Ce qui me plait le plus dans les ſoins qu'on prend ici du bonheur d'autrui, c'eſt qu'ils ſont tous dirigés par la ſageſſe, & qu'il n'en réſulte jamais d'abus. N'eſt pas toujours bienfaiſant qui veut, & ſouvent tel croit rendre de grands ſervices, qui fait de grands maux qu'il ne voit pas, pour un petit bien qu'il apperçoit. Une qualité rare dans les femmes du meilleur caractere & qui brille éminemment dans celui de Madame de Wolmar; c'eſt un diſcernement exquis dans la diſtribution de ſes bienfaits, ſoit par le choix des moyens

de

de les rendre utiles, ſoit par le choix des gens ſur qui elle les répand. Elle s'eſt fait des regles dont elle ne ſe départ point. Elle fait accorder & refuſer ce qu'on lui demande, ſans qu'il y ait ni foibleſſe dans ſa bonté, ni caprice dans ſon refus. Quiconque a commis en ſa vie une méchante action n'a rien à eſpérer d'elle que juſtice, & pardon s'il l'a offenſée, jamais faveur ni protection qu'elle puiſſe placer ſur un meilleur ſujet. Je l'ai vue refuſer aſſés ſechement à un homme de cette eſpece une grace qui dépendoit d'elle ſeule. ,, Je vous ,, ſouhaite du bonheur ” lui-dit - elle, ,, ,, mais je n'y veux pas contribuer , de ,, peur de faire du mal à d'autres en voûs ,, mettant en état d'en faire. Le monde ,, n'eſt pas aſſés épuiſé de gens de bien ,, qui ſouffrent, pour qu'on ſoit réduit à ,, ſonger à vous”. Il eſt vrai que cette dureté lui coûte extrémement & qu'il lui eſt rare de l'exercer. Sa maxime eſt de

comp-

compter pour bons tous ceux dont la mé-
chanceté ne lui eſt pas prouvée, & il y a
bien peu de méchans qui n'aient l'addreſſe
de ſe mettre à l'abri des preuves. Elle
n'a point cette charité pareſſeuſe des riches qui paye en argent aux malheureux
le droit de rejetter leurs prieres, & pour
un bienfait imploré ne ſavent jamais donner que l'aumône. Sa bourſe n'eſt pas iné-
puiſable, & depuis qu'elle eſt mere de famille, elle en ſait mieux regler l'uſage. De
tous les ſecours dont on peut ſoulager les
malheureux, l'aumône eſt à la vérité celui qui coûte le moins de peine; mais il
eſt auſſi le plus paſſager & le moins ſoli-
de; & Julie ne cherche pas à ſe délivrer
d'eux, mais à leur être utile.

Elle n'accorde pas non plus indiſtincte-
ment des recommandations & des ſervices
ſans bien ſavoir ſi l'uſage qu'on en veut faire eſt raiſonnable & juſte. Sa protection
n'eſt jamais réfuſée à quiconque en a un

véritable befoin & mérite de l'obtenir;
mais pour ceux que l'inquiétude où l'ambition porte à vouloir s'élever & quiter un é-
tat où ils font bien, rarement peuvent-ils
l'engager à fe mêler de leurs affaires.   La
condition naturelle à l'homme eft de cultiver la terre & de vivre de fes fruits.   Le
paifible habitant des champs n'a befoin
pour fentir fon bonheur que de le connoître.   Tous les vrais plaifirs de l'homme
font à fa portée; il n'a que les peines inféparables de l'humanité, des peines que celui qui croit s'en délivrer ne fait qu'échan-
ger contre d'autres plus cruelles. (*) Cet
état eft le feul néceffaire & le plus utile.
Il n'eft malheureux que quand les autres le
tirannifent par leur violence, ou le fédui-
fent

(*) L'homme forti de fa première fimplicité
devient fi ftupide qu'il ne fait pas même défirer.   Ses fouhaits exaucés le méneroient tous à
la fortune, jamais à la félicité.

sent par l'exemple de leurs vices: C'est en lui que consiste la véritable prospérité d'un pays, la force & la grandeur qu'un peuple tire de lui-même, qui ne dépend en rien des autres nations, qui ne contraint jamais d'attaquer pour se soutenir, & donne les plus sûrs moyens de se deffendre. Quand il est question d'estimer la puissance publique, le bel-esprit visite les palais du prince, ses ports, ses troupes, ses arsenaux, ses villes ; le vrai politique parcourt les terres & va dans la chaumiere du laboureur. Le premier voit ce qu'on a fait, & le second ce qu'on peut faire.

Sur ce principe on s'attache ici, & plus encore à Etange, à contribuer autant qu'on peut à rendre aux paysans leur condition douce, sans jamais leur aider à en sortir. Les plus aisés & les plus pauvres ont également la fureur d'envoyer leurs enfans dans les villes, les uns pour étudier & devenir un jour des Messieurs, les au-

tres

tres pour entrer en condition & décharger leurs parens de leur entretien. Les jeunes gens de leur côté aiment souvent à courir; les filles aspirent à la parure bourgeoise, les garçons s'engagent dans un service étranger; ils croyent valoir mieux en raportant dans leur village, au lieu de l'amour de la patrie & de la liberté, l'air à la fois rogue & rempant des soldats mercenaires, & le ridicule mépris de leur ancien état. On leur montre à tous l'erreur de ces préjugés, la corruption des enfans, l'abandon des peres, & les risques continuels de la vie de la fortune & des mœurs, où cent périssent pour un qui réussit. S'ils s'obstinent, on ne favorise point leur fantaisie insensée, on les laisse courir au vice & à la misere, & l'on s'applique à dédomager ceux qu'on a persuadés, des sacrifices qu'ils font à la raison. On leur apprend à honorer leur condition naturelle en l'honorant soi-même;

on

on n'a point avec les payſans les façons
des villes, mais on uſe avec eux d'une
honnête & grave familiarité, qui, maintenant chacun dans ſon état, leur apprend
pourtant à faire cas du leur. Il n'y a point
de bon payſan qu'on ne porte à ſe conſi-
dérer lui-même, en lui montrant la différence qu'on fait de lui à ces petits parve-
nus qui viennent briller un moment dans
leur village & ternir leurs parens de leur
éclat. M. de Wolmar & le Baron quand il
eſt ici manquent rarement d'aſſiſter aux
exercices, aux prix, aux revues du village
& des environs. Cette jeuneſſe déja naturellement ardente & guerriere, voyant de
vieux Officiers ſe plaire à ſes aſſemblées,
s'en eſtime davantage & prend plus de
confiance en elle-même. On lui en donne
encore plus en lui montrant des ſoldats
retirés du ſervice étranger en ſavoir moins
qu'elle à tous égards; car quoiqu'on faſſe,
jamais cinq ſols de paye & la peur des

coups de canne ne produiront une émulation pareille à celle que donne à un homme libre & fous les armes la préfence de
fes parens, de fes voifins, de fes amis,
de fa maitreffe, & la gloire de fon pays.

La grande maxime de Madame de
Wolmar eft donc de ne point favorifer les
changemens de condition, mais de contribuer à rendre heureux chacun dans la fienne, & fur tout d'empêcher que la plus
heureufe de toutes, qui eft celle du villageois dans un Etat libre, ne fe dépeu-
ple en faveur des autres.

Je lui faifois là-deffus l'objection des talens divers que la nature femble avoir
partagés aux hommes, pour leur donner
à chacun leur emploi, fans égard à la
condition dans laquelle ils font nés. A
cela elle me répondit qu'il y avoit deux
chofes à confidérer avant le talent, favoir
les mœurs, & la félicité. L'homme, dit-
elle, eft un être trop noble pour devoir

fer-

fervir fimplement d'inftrument à d'autres,
& l'on ne doit point l'employer à ce qui
leur convient fans confulter auffi ce qui
lui convient à lui·même; car les hommes
ne font pas faits pour les places, mais les
places font faites pour eux, & pour diftribuer convenablement les chofes il ne
faut pas tant chercher dans leur partage
l'emploi auquel chaque homme eft le plus
propre, que celui qui eft le plus propre
à chaque homme, pour le rendre bon
& heureux autant qu'il eft poffible. Il
n'eft jamais permis de détériorer une ame
humaine pour l'avantage des autres, ni
de faire un fcélérat pour le fervice des
honnêtes · gens.

Or de mille fujets qui fortent du Village il n'y en a pas dix qui n'aillent fe perdre à la ville, ou qui n'en portent les
vices plus loin que les gens dont ils les
ont appris. Ceux qui réuffiffent & font
fortune, la font prefque tous par les vo-

yes deshonnêtes qui y menent. Les malheureux qu'elle n'a point favorifés ne re-
prennent plus leur ancien état & fe font
mendians ou voleurs, plutôt que de redevenir payfans. De ces mille s'il s'en trouve un feul qui réfifte à l'exemple & fe
conferve honnête-homme, penfez-vous
qu'à tout prendre celui-là paffe une vie
auffi heureufe qu'il l'eut paffée à l'abri des
paffions violentes, dans la tranquille obfcurité de fa premiere condition?

Pour fuivre fon talent il le faut connoitre. Eft-ce une chofe aifée de difcerner
toujours les talens des hommes, & à l'â-
ge où l'on prend un parti fi l'on a tant
de peine à bien connoitre ceux des enfans qu'on a le mieux obfervés, comment un petit payfan faura-t-il de lui-même diftinguer les fiens? Rien n'eft plus
équivoque que les fignes d'inclination
qu'on donne dès l'enfance; l'efprit imita-
teur y a fouvent plus de part que le talent;

lent; ils dépendront plutôt d'une rencontre fortuite que d'un penchant décidé, & le penchant même n'annonce pas toujours la disposition. Le vrai talent, le vrai génie a une certaine simplicité qui le rend moins inquiet, moins remuant, moins prompt à se montrer qu'un apparent & faux talent qu'on prend pour véritable, & qui n'est qu'une vaine ardeur de briller, sans moyens pour y réussir. Tel entend un tambour & veut être Général; un autre voit bâtir & se croit Architecte. Gustin mon jardinier prit le goût du dessein pour m'avoir vu dessiner; je l'envoyai apprendre à Lausanne; il se croyoit déja peintre, & n'est qu'un jardinier. L'occasion, le desir de s'avancer, décident de l'état qu'on choisit. Ce n'est pas assés de sentir son génie, il faut aussi vouloir s'y livrer. Un Prince ira-t-il se faire cocher, parce qu'il mene bien son carrosse? Un Duc se fera-t-il Cuisinier parce qu'il in-

vente

vente de bons ragoûts ? On n'a des talens que pour s'élever , perſonne n'en a
pour deſcendre ; penſez-vous que ce ſoit
là l'ordre de la nature ? Quand chacun
connoitroit ſon talent & voudroit le
ſuivre , combien le pourroient ? Combien ſurmonteroient d'injuſtes obſtacles ?
combien vaincroient d'indignes Concur-
rens ? Celui qui ſent ſa foibleſſe appelle à
ſon ſecours le manége & la brigue, que
l'autre plus ſûr de lui dédaigne. Ne m'a-
vez-vous pas cent fois dit vous même que
tant d'établiſſemens en faveur des arts ne
font que leur nuire ? En multipliant indiſ-
cretement les Sujets on les confond , le
vrai mérite reſte étouffé dans la foule, &
les honneurs dûs au plus habile ſont tous
pour le plus intrigant. S'il éxiſtoit une
ſociété où les emplois & les rangs fuſſent
exactement meſurés ſur les talens & le
mérite perſonnel, chacun pourroit aſpirer
à la place qu'il ſauroit le mieux remplir ;
mais

mais il faut se conduire par des regles plus sûres & renoncer au prix des talens, quand le plus vil de tous est le seul qui mene à la fortune.

Je vous dirai plus , continua - t - elle; j'ai peine à croire que tant de talens divers doivent être tout dévelopés; car il faudroit pour cela que le nombre de ceux qui les possedent fût exactement proportionné aux besoins de la société, & si l'on ne laissoit au travail de la terre que ceux qui ont éminemment le talent de l'agriculture, ou qu'on enlevât à ce travail tous ceux qui sont plus propres à un autre, il ne reste-roit pas assés de laboureurs pour la cultiver & nous faire vivre. Je penserois que les talens des hommes sont comme les vertus des drogues que la nature nous donne pour guérir nos maux , quoique son intention soit que nous n'en ayons pas besoin. Il y a des plantes qui nous empoisonnent, des animaux qui nous dévorent, des talens

qui

qui nous font pernicieux. S'il faloit toujours employer chaque chofe felon fes
principales propriétés, peut-être feroit-on
moins de bien que de mal aux hommes.
Les peuples bons & fimples n'ont pas befoin de tant de talens; ils fe foutiennent
mieux par leur feule fimplicité que les autres par toute leur induftrie. Mais à me-
fure qu'ils fe corrompent leurs talens fe dévelopent comme pour fervir de fupplément aux vertus qu'ils perdent, & pour
forcer les méchans eux-mêmes d'être
utiles en dépit d'eux.

Une autre chofe fur laquelle j'avois peine à tomber d'accord avec elle étoit l'affiftance des mendians. Comme c'eft ici
une grande route, il en paffe beaucoup,
& l'on ne refufe l'aumône à aucun. Je
lui répréfentai que ce n'étoit pas feulement
un bien jetté à pure perte, & dont on
privoit ainfi le vrai pauvre; mais que cet
ufage contribuoit à multiplier les gueux &

les

les vagabonds qui fe plaifent à ce lâche métier, &, fe rendant à charge à la focié-té, la privent encore du travail qu'ils y pourroient faire.

Je vois bien, me dit-elle, que vous avez pris dans les grandes villes les maximes dont de complaifans raifoneurs aiment à flater la dureté des riches; vous en avez même pris les termes. Croyez-vous dé-grader un pauvre de fa qualité d'homme, en lui donnant le nom méprifant de gueux? compatiffant comme vous l'êtes, comment avez-vous pu vous refoudre-à l'employer? Renoncez-y, mon ami, ce mot ne va point dans votre bouche; Il eft plus deshonorant pour l'homme dûr qui s'en fert que pour le malheureux qui le porte. Je ne décidérai point fi ces detracteurs de l'aumône ont tort ou rai-fon; ce que je fais, c'eft que mon mari qui ne cede point en bon fens à vos phi-lofophes, & qui m'a fouvent rapporté tout ce qu'ils difent là-deffus pour étouffer dans le cœur la pitié naturelle & l'exercer à l'infenfibilité, m'a toujours paru méprifer ces difcours & n'a point defaprouvé ma conduite. Son raifonnement eft fimple. On fouffre, dit-il, & l'on entretient à grands frais des multitudes de profeffions inutiles dont plufieurs ne fervent qu'à corrompre & gâter les mœurs. A ne regarder l'état de mendiant que comme un métier, loin qu'on en ait rien de pareil à craindre, on n'y trouve que de quoi nourrir en nous les fentimens d'intérêt & d'humanité qui devroient unir tous les hommes. Si l'on veut le confidérer par le talent, pourquoi ne récompenferois-je pas l'éloquence de ce mendiant qui me remue le cœur & me porte à le fecourir, comme je paye un Comédien qui me fait verfer quelques larmes ftériles? Si l'un me fait aimer les bonnes actions d'autrui, l'autre me porte à en faire moi-même: tout ce qu'on fent à la tragé-

tragédie s'oublie à l'inftant qu'on en fort ;
mais la mémoire des malheureux qu'on a
foulagés donne un plaifir qui renait fans
ceffe. Si le grand nombre des mendians
eft onéreux à l'Etat, de combien d'autres
profeffions qu'on encourage & qu'on tole-
re n'en peut-on pas dire autant ? C'eft au
Souverain de faire en forte qu'il n'y ait
point de mendians : mais pour les rebuter
de leur profeffion (*) faut-il rendre les ci-
toyens

(*) Nourrir les mendians c'eft, difent-ils,
former des pépinieres de voleurs ; & tout au
contraire, c'eft empêcher qu'ils ne le deviennent. Je conviens qu'il ne faut pas encourager
les pauvres à fe faire mendians, mais quand u-
ne fois ils le font, il faut les nourrir, de peur
qu'ils ne fe faffent voleurs. Rien n'engage
tant à changer de profeffion que de ne pouvoir
vivre dans la fienne : or tous ceux qui ont une
fois goûté de ce métier oifeux prennent tellement le travail en averfion qu'ils aiment mieux
voler & fe faire pendre, que de reprendre l'u-
fage de leurs bras. Un liard eft bientôt demandé

toyens inhumains & dénaturés ? Pour moi, continua Julie, sans savoir ce que les pauvres sont à l'Etat je sais qu'ils sont tous mes freres, & que je ne puis sans une inexcusable dureté leur refuser le foible secours qu'ils me demandent. La plupart sont des vagabonds, j'en conviens ; mais je connois trop les peines de la vie pour ignorer par combien de malheurs un honnête homme peut se trouver réduit à leur sort, & comment puis-je être sûre que l'inconnu qui vient im-

plo-

dé & refusé, mais vingt liards auroient payé le soupé d'un pauvre que vingt refus peuvent impatienter. Qui est-ce qui voudroit jamais refuser une si légere aumône s'il songeoit qu'elle peut sauver deux hommes, l'un du crime & l'autre de la mort ? J'ai lû quelque part que les mendians sont une vermine qui s'attache aux riches. Il est naturel que les enfans s'attachent aux peres ; Mais ces peres opulens & durs les méconnoissent, & laissent aux pauvres le soin de les nourrir.

plorer au nom de Dieu mon affiftance & mendier un pauvre morceau de pain n'eft pas, peut-être, cet honnête homme prêt à périr de mifere, & que mon refus va reduire au defefpoir ? L'aumone que je fais donner à la porte eft legere. Un demi-crutz (*) & un morceau de pain font ce qu'on ne refufe à perfonne, on donne une ration double à ceux qui font évidemment eftropiés. S'ils en trouvent autant fur leur route dans chaque maifon aifée, cela fuffit pour les faire vivre en chemin, & c'eft tout ce qu'on doit au mendiant étranger qui paffe. Quand ce ne feroit pas pour eux un fecours réel, c'eft au moins un témoignage qu'on prend part à leur peine, un adouciffement à la dureté du refus, une forte de falutation qu'on leur rend. Un demi-crutz & un morceau de pain ne coûtent

guere

(*) Petite monnoye du pays.

guere plus à donner & font une réponse plus honnête qu'un, *Dieu vous affiste*; comme fi les dons de Dieu n'étoient pas dans la main des hommes, & qu'il eut d'autres greniers fur la terre que les magazins des riches? Enfin, quoiqu'on puiffe penfer de ces infortunés, fi l'on ne doit rien au gueux qui mendie, au moins fe doit-on à foi-même de rendre honneur à l'humanité fouffrante ou à fon image, & de ne point s'endurcir le cœur à l'afpect de fes miferes.

Voila comment j'en ufe avec ceux qui mendient, pour ainfi dire, fans prétexte & de bonne foi: à l'égard de ceux qui fe difent ouvriers & fe plaignent de manquer d'ouvrage, il y a toujours ici pour eux des outils & du travail qui les attendent. Par cette méthode on les aide, on met leur bonne volonté à l'épreuve, & les menteurs le favent fi bien qu'il ne s'en préfente plus chez nous.

C'eft

C'est ainsi, Milord, que cette ame angélique trouve toujours dans ses vertus dequoi combattre les vaines subtilités dont les gens cruels pallient leurs vices. Tous ces soins & d'autres semblables sont mis par elle au rang de ses plaisirs, & remplissent une partie du tems que lui laissent ses devoirs les plus chéris. Quand, après s'être acquitée de tout ce qu'elle doit aux autres elle songe ensuite à elle-même, ce qu'elle fait pour se rendre la vie agréable peut encore être compté parmi ses vertus; tant son motif est toujours louable & honnête, & tant il y a de tempérance & de raison dans tout ce qu'elle accorde à ses desirs! Elle veut plaire à son mari qui aime à la voir contente & gaye; elle veut inspirer à ses enfans le goût des innocens plaisirs que la modération l'ordre & la simplicité font valoir, & qui détournent le cœur des passions impétuéuses.

Elle s'amuse pour les amuser, comme la colombe amolit dans son estomac le grain dont elle veut nourrir ses petits.

Julie a l'ame & le corps également sensibles. La même délicatesse regne dans ses sentimens & dans ses organes. Elle étoit faite pour connôitre & goûter tous les plaisirs, & longtems elle n'aima si cherement la vertu même que comme la plus douce des voluptés. Aujourd'hui qu'elle sent en paix cette volupté suprême, elle ne se refuse aucune de celles qui peuvent s'associer avec celle-là ; mais sa maniere de les goûter ressemble à l'austérité de ceux qui s'y refusent, & l'art de jouïr est pour elle celui des privations ; non de ces privations pénibles & douloureuses qui blessent la nature & dont son auteur dédaigne l'hommage insensé, mais des privations passageres & modérées, qui conservent à la raison son empire, & servant d'assaisonement au plaisir en préviennent le dégoût & l'abus. Elle prétend que tout ce qui tient au sens & n'est pas nécessaire à la vie change de

natu-

nature auſſi-tôt qu'il tourne en habitude, qu'il ceſſe d'être un plaiſir en devenant un beſoin, que c'eſt à la fois une chaine qu'on ſe donne & une jouïſſance dont on ſe prive, & que prévenir toujours les deſirs n'eſt pas l'art de les contenter mais de les éteindre. Tout celui qu'elle employe à donner du prix aux moindres choſes eſt de ſe les refuſer vingt fois pour en jouïr une. Cette ame ſimple ſe conſerve ainſi ſon premier reſſort; ſon goût ne s'uſe point; elle n'a jamais beſoin de le ranimer par des excès, & je la vois ſouvent ſavourer avec délice un plaiſir d'enfant, qui ſeroit inſipide à tout autre.

Un objet plus noble qu'elle ſe propoſe encore en cela, eſt de reſter maitreſſe d'elle-même, d'accoutumer ſes paſſions à l'obéïſſance, & de plier tous ſes deſirs à la regle. C'eſt un nouveau moyen d'être heureuſe, car on ne jouït ſans inquiétude que de ce qu'on peut perdre ſans peine, & ſi le vrai bonheur appartient au

ſage,

sage, c'est parce qu'il est de tous les hommes celui à qui la fortune peut le moins ôter.

Ce qui me paroit le plus singulier dans sa tempérance, c'est qu'elle la suit sur les mêmes raisons qui jettent les voluptueux dans l'excès. La vie est courte, il est vrai, dit-elle; c'est une raison d'en user jusqu'au bout, & de dispenser avec art sa durée afin d'en tirer le meilleur parti qu'il est possible. Si un jour de satiété nous ôte un an de jouïssance, c'est une mauvaise philosophie d'aller toujours jusqu'où le desir nous mene, sans considérer si nous ne serons point plutôt au bout de nos facultés que de notre carriere, & si notre cœur épuisé ne mourra point avant nous. Je vois que ces vulgaires Epicuriens pour ne vouloir jamais perdre une occasion les perdent toutes, & toujours ennuyés au sein des plaisirs n'en savent jamais trouver aucun. Ils prodiguent le tems qu'ils pensent écono-

miser,

mifer, & fe ruinent comme les avares pour ne favoir rien perdre à propos. Je me trouve bien de la maxime oppofée, & je crois que j'aimerois encore mieux fur ce point trop de févérité que de relâchement. Il m'arrive quelquefois de rompre une partie de plaifir par la feule raifon qu'elle m'en fait trop; en la renouant j'en jouïs deux fois. Cependant, je m'exerce à conferver fur moi l'empire de ma volonté, & j'aime mieux être taxée de caprice que de me laiffer dominer par mes fantaifies.

Voila fur quel principe on fonde ici les douceurs de la vie, & les chofes de pur agrément. Julie a du penchant à la gourmandife, & dans les foins qu'elle donne à toutes les parties du menage, la cuifine furtout n'eft pas négligée. La table fe fent de l'abondance générale, mais cette abondance n'eft point ruineufe; il y regne une fenfualité fans rafinement; tous les mets font communs, mais excellens

dans

dans leurs efpeces, l'apprêt en eft fimple & pourtant exquis. Tout ce qui n'eft que d'appareil, tout ce qui tient à l'opinion, tous les plats fins & recherchés, dont la rareté fait tout le prix & qu'il faut nommer pour les trouver bons, en font bannis à jamais, & même dans la délicateſſe & le choix de céux qu'on fe permet, on s'abſtient journellement de certaines chofes qu'on referve pour donner à quelques repas un air de fête qui les rend plus agréables fans être plus difpendieux. Que croiriez-vous que font ces mets fi fobrement ménagés? Du gibier rare? du poiſſon de mer? des productions étrangeres? Mieux que tout cela. Quelque excellent légume du pays, quelqu'un des favoureux herbages qui croiſſent dans nos jardins, certains poiſſons du lac apprétés d'une certaine maniére, certains laitages de nos montagnes, quelque patiſſerie à l'allemande, à quoi l'on joint quelque piece de la chaſſe des gens de

la

la maifon ; voila tout l'extraordinaire qu'on y remarque ; voila ce qui couvre & orne la table, ce qui excite & contente notre appetit les jours de réjouïffance ; le fervice eft modefte & champêtre, mais propre & riant, la grace & le plaifir y font, la joye & l'appetit l'affaifonent ; des furtouts dorés autour defquels on meurt de faim, des criftaux pompeux chargés de fleurs pour tout deffert ne rempliffent point la place des mets, on n'y fait point l'art de nourrir l'eftomac par les yeux ; mais on y fait celui d'ajouter du charme à la bonne chere, de manger beaucoup fans s'incomoder, de s'égayer à boire fans altérer fa raifon, de tenir table longtems fans ennui, & d'en fortir toujours fans dégoût.

Il y a au premier étage une petite falle à manger différente de celle où l'on mange ordinairement laquelle eft au rez-de-chauffée. Cette falle particuliere eft à l'angle de la maifon & éclairée de deux

côtés.

côtés. Elle donne par l'un sur le jardin au delà duquel on voit le lac à travers les arbres; par l'autre on apperçoit ce grand côteau de vignes qui commence d'étaler aux yeux les richesses qu'on y recueillira dans deux mois. Cette piece est petite mais ornée de tout ce qui peut la rendre agréable & riante. C'est là que Julie donne ses petits festins à son pere, à son mari, à sa cousine, à moi, à elle-même, & quelquefois à ses enfans. Quand elle ordonne d'y mettre le couvert, on fait davance ce que cela veut dire, & M. de Wolmar l'appelle en riant le salon d'Apollon; mais ce salon ne differe pas moins de celui de Lucullus par le choix des Convives que par celui des mets. Les simples hôtes n'y font point admis; jamais on n'y mange quand on a des étrangers; c'est l'azile inviolable de la confiance, de l'amitié, de la liberté. C'est la société des cœurs qui lie en ce lieu celle de la table; elle est une sorte

d'inid'initiation à l'intimité, & jamais il ne s'y raſſemble que des gens qui voudroient n'être plus ſéparés. Milord, la fête vous attend, & c'eſt dans cette ſalle que vous ferez ici votre premier repas.

Je n'eus pas d'abord le même honneur. Ce ne fut qu'à mon retour dè chez Madame d'Orbe que je fus traitté dans le ſalon d'Apollon. Je n'imaginois pas qu'on pût rien ajoûter d'obligeant à la reception qu'on m'avoit faite: Mais ce ſouper me donna d'autres idées. J'y trouvai je ne ſais quel délicieux mélange de familiarité, de plaiſir, d'union, d'aiſance, que je n'avois point encore éprouvé. Je me ſentois plus libre ſans qu'on m'eut averti de l'être; il me ſembloit que nous nous entendions mieux qu'auparavant. L'éloignement des domeſtiques m'invitoit à n'avoir plus de réſerve au fond de mon cœur, & c'eſt là qu'à l'inſtance de Julie je repris l'uſage quitté depuis tant d'années de boire avec mes

C 5

hôtes

hôtes du vin pur à la fin du repas.

Ce souper m'enchanta. J'aurois voulu que tous nos repas se fussent passés de même. Je ne connoissois point cette charmante salle, dis-je à Madame de Wolmar; pourquoi n'y mangez-vous pas toujours? voyez, dit-elle, elle est si jolie! ne seroit-ce pas domage de la gâter? Cette réponse me parut trop loin de son caractere pour n'y pas soupçonner quelque fens caché. Pourquoi du moins, repris-je, ne rassemblez-vous pas toujours autour de vous les mêmes comodités qu'on trouve ici, afin de pouvoir éloigner vos domestiques & causer plus en liberté? C'est, me répondit-elle encore, que cela feroit trop agréable, & que l'ennui d'être toujours à son aise est enfin le pire de tous. Il ne m'en falut pas davantage pour concevoir son systême, & je jugeai qu'en effet, l'art d'affaisonner les plaisirs n'est que celui d'en être avare.

Je trouve qu'elle se met avec plus de
soin

foin qu'elle ne faifoit autrefois. La feule vanité qu'on lui ait jamais reprochée étoit de négliger fon ajuftement. L'orgueilleufe avoit fes raifons, & ne me laiffoit point de prétexte pour méconnoître fon empire. Mais elle avoit beau faire, l'enchantement étoit trop fort pour me fembler naturel ; je m'opiniâtrois à trouver de l'art dans fa négligence ; elle fe feroit coëffée d'un fac, que je l'aurois accufée de coquéterie. Elle n'auroit pas moins de pouvoir aujourd'hui ; mais elle dédaigne de l'employer, & je dirois qu'elle affecte une parure plus recherchée pour ne fembler plus qu'une jolie femme, fi je n'avois découvert la caufe de ce nouveau foin. J'y fus trompé les premiers jours, & fans fonger qu'elle n'étoit pas mife autrement qu'à mon arrivée où je n'étois point attendu, j'ofai m'attribuer l'honneur de cette recherche. Je me defabufai durant l'abfence de M. de Wolmar. Dès

le

le lendemain ce n'étoit plus cette élegance de la veille dont l'œil ne pouvoit se laffer, ni cette fimplicité touchante & voluptueufe qui m'enivroit autrefois. C'étoit une certaine modeftie qui parle au cœur par les yeux, qui n'infpire que du refpect, & que la beauté rend plus impofante. La dignité d'époufe & de mere regnoit fur tous fes charmes; ce regard timide & tendre étoit devenu plus grave ; & l'on eut dit qu'un air plus grand & plus noble avoit voilé la douceur de fes traits. Ce n'étoit pas qu'il y eut la moindre altération dans fon maintien ni dans fes manieres; fon égalité fa candeur ne connurent jamais les fimagrées. Elle ufoit feulement du talent naturel aux femmes de changer quelquefois nos fentimens & nos idées par un ajuftement différent, par une coëffure d'une autre forme, par une robe d'une autre couleur, & d'exercer fur les cœurs l'empire

pire du goût en faifant de rien quelque chofe. Le jour qu'elle attendoit fon mari de retour, elle retrouva l'art d'animer fes graces naturelles fans les couvrir; elle étoit éblouiffante en fortant de fa toilette; je trouvai qu'elle ne favoit pas moins effacer la plus brillante parure qu'orner la plus fimple, & je me dis avec dépit en pénétrant l'objet de fes foins : En fit-elle jamais autant pour l'amour?

Ce goût de parure s'étend de la maitreffe de la maifon à tout ce qui la compofe. Le maitre, les enfans, les domeftiques, les chevaux, les bâtimens, les jardins, les meubles, tout eft tenu avec un foin qui marque qu'on n'eft pas au deffous de la magnificence, mais qu'on la dédaigne. Ou plutôt, la magnificence y eft en effet, s'il eft vrai qu'elle confifte moins dans la richeffe de certaines chofes que dans un bel ordre du tout, qui marque le concert des parties & l'unité d'in-

C 7

ten-

tention de l'ordonnateur (*). Pour moi je trouve au moins que c'est une idée plus grande & plus noble de voir dans une maifon fimple & modefte un petit nombre de gens heureux d'un bonheur commun que de voir regner dans un palais la difcorde & le trouble, & chacun de ceux qui l'habitent chercher fa fortune & fon bonheur dans la ruine d'un autre & dans le defordre général. La maifon bien reglée

(*) Cela me paroit inconteftable. Il y a de la magnificence dans la fimétrie d'un grand Palais; il n'y en a point dans une foule de maifons confufément entaffées. Il y a de la magnificence dans l'uniforme d'un Régiment en bataille; il n'y en a point dans le peuple qui le regarde; quoiqu'il ne s'y trouve peut-être pas un feul homme dont l'habit en particulier ne vaille mieux que celui d'un foldat. En un mot, la véritable magnificence n'eft que l'ordre rendu fenfible dans le grand; ce qui fait que de tous les fpectacles imaginables le plus magnifique eft celui de la nature.

reglée est une, & forme un tout agréable à voir: dans le palais on ne trouve qu'un assemblage confus de divers objets, dont la liaison n'est qu'apparente. Au premier coup d'œil on croit voir une fin commune; en y regardant mieux on est bientôt détrompé.

A ne consulter que l'impression la plus naturelle, il sembleroit que pour dédaigner l'éclat & le luxe on a moins besoin de modération que de goût. La simétrie & la régularité plait à tous les yeux. L'image du bien-être & de la félicité touche le cœur humain qui en est avide: mais un vain appareil qui ne se rapporte ni à l'ordre ni au bonheur & n'a pour objet que de frapper les yeux, quelle idée favorable à celui qui l'étale peut-il exciter dans l'esprit du spectateur? L'idée du goût? Le goût ne paroit-il pas cent fois mieux dans les choses simples que dans celles qui sont offusquées de richesse.

fe. L'idée de la comodité? Y a-t-il rien de plus incomode que le faste (*)? L'idée de la grandeur? C'est précisement le contraire. Quand je vois qu'on a voulu faire un grand palais, je me demande auffi-tôt pourquoi ce palais n'eft pas plus grand?

(*) Le bruit des gens d'une maifon trouble inceffamment le repos du maitre; Il ne peut rien cacher à tant d'Argus. La foule de fes créanciers lui fait payer cher celle de fes admirateurs. Ses appartemens font fi fuperbes qu'il eft forcé de coucher dans une bouge pour être à fon aife, & fon finge eft quelquefois mieux logé que lui. S'il veut diner, il dépend de fon cuifinier & jamais de fa faim; s'il veut fortir, il eft à la merci de fes chevaux; mille embarras l'arrêtent dans les rues; il brule d'arriver & ne fait plus qu'il a des jambes. Chlöé l'attend, les boües le retiennent, le poids de l'or de fon habit l'accable, & il ne peut faire vingt pas à pied: mais s'il perd un rendez-vous avec fa maitreffe, il en eft bien dédomagé par les paffans: chacun remarque fa livrée, l'admire, & dit tout haut que c'eft Monfieur un tel.

grand ? Pourquoi celui qui a cinquante domeſtiques n'en a-t-il pas cent ? Cette belle vaiſſelle d'argent pourquoi n'eſt-elle pas d'or ? Cet homme qui dore ſon Carroſſe pourquoi ne dore-t-il pas ſes lambris ? Si ſes lambris ſont dorés pourquoi ſon toit ne l'eſt-il pas ? Celui qui voulut bâtir une haute tour faiſoit bien de la vouloir porter juſqu'au Ciel ; autrement il eut eu beau l'élever ; le point où il ſe fut arrêté n'eut ſervi qu'à donner de plus loin la preuve de ſon impuiſſance. O homme petit & vain, montre-moi ton pouvoir, je te montrerai ta miſere !

Au contraire, un ordre de choſes où rien n'eſt donné à l'opinion, où tout a ſon utilité réelle & qui ſe borne aux vrais beſoins de la nature n'offre pas ſeulement un ſpectacle approuvé par là raiſon, mais qui contente les yeux & le cœur, en ce que l'homme ne s'y voit que ſous des raports agréables, comme ſe ſuffiſant à lui-même.

même, que l'image de sa foibleffe n'y paroit point, & que ce riant tableau n'excite jamais de réflexions attriftantes. Je défie aucun homme fenfé de contempler une heure durant le palais d'un prince & le fafte qu'on y voit briller fans tomber dans la mélancolie & déplorer le fort de l'humanité. Mais l'afpect de cette maifon & de la vie uniforme & fimple de fes habitans répand dans l'ame des fpectateurs un charme fecret qui ne fait qu'augmenter fans ceffe. Un petit nombre de gens doux & paifibles, unis par des befoins mutuels & par une réciproque bienveuillance y concourt par divers foins à une fin commune : chacun trouvant dans fon état tout ce qu'il faut pour en être content & ne point defirer d'en fortir, on s'y attache comme y devant refter toute la vie, & la feule ambition qu'on garde eft celle d'en bien remplir les devoirs. Il y a tant de modéra-

dération dans ceux qui commandent &
tant de zele dans ceux qui obéiffent que
des égaux euffent pu diftribuer entre eux
les mêmes emplois, fans qu'aucun fe fut
plaint de fon partage. Ainfi nul n'envie
celui d'un autre; nul ne croit pouvoir augmenter fa fortune que par l'augmentation
du bien commun; Les maitres mêmes ne
jugent de leur bonheur que par celui des
gens qui les environnent. On ne fauroit
qu'ajoûter ni que retrancher ici, parce
qu'on n'y trouve que les chofes utiles &
qu'elles y font toutes, en forte qu'on n'y
fouhaite rien de ce qu'on n'y voit pas, &
qu'il n'y a rien de ce qu'on y voit dont
on puiffe dire, pourquoi n'y en a-t-il pas
davantage? Ajoûtez y du galon, des tableaux, un luftre, de la dorure, à l'inftant vous appauvrirez tout. En voyant
tant d'abondance dans le néceffaire, &
nulle trace de fuperflu, on eft porté à
croire que s'il n'y eft pas c'eft qu'on n'a

pas

pas voulu qu'il y fût, & que fi on le
vouloit, il y regneroit avec la même
profufion: En voyant continuellement les
biens refluer au dehors par l'affiftance du
pauvre, on eft porté à dire; cette maifon ne peut contenir toutes fes richeffes.
Voila, ce me femble, la véritable magnificence.

Cet air d'opulence m'effraya moi-même, quand je fus inftruit de ce qui fervoit à l'entretenir. Vous vous ruinez,
dis-je à M. & Made de Wolmar. Il
n'eft pas poffible qu'un fi modique revenu
fuffife à tant de dépenfes. Ils fe mirent
à rire, & me firent voir que, fans rien
retrancher dans leur maifon, il ne tiendroit qu'à eux d'épargner beaucoup &
d'augmenter leur revenu plutôt que de
fe ruiner. Notre grand fecret pour être
riches, me dirent-ils eft d'avoir peu d'argent, & d'éviter autant qu'il fe peut dans
l'ufage de nos biens les échanges intermédiaires

...diaires entre le produit & l'emploi. Aucun de ces échanges ne se fait sans perte, & ces pertes multipliées réduisent presque à rien d'assés grands moyens, comme à force d'être brocantée une belle
boëte d'or devient un mince colifichet.
Le transport de nos revenus s'évite en
les employant sur le lieu, l'échange s'en
évite encore en les consomant en nature, & dans l'indispensable conversion
de ce que nous avons de trop en ce
qui nous manque, au lieu des ventes
& des achats pécuniaires qui doublent
le préjudice, nous cherchons des é-
changes réels où la comodité de chaque contractant tienne lieu de profit à
tous deux.

Je conçois, leur dis-je, les avantages
de cette méthode; mais elle ne me paroit pas sans inconvénient. Outre les
soins importuns auxquels elle assujetit, le
profit doit être plus apparant que réel,

&

& ce que vous perdez dans le détail de la régie de vos biens l'emporte problable- ment fur le gain que feroient avec vous vos Fermiers: car le travail fe fera tou- jours avec plus d'économie & la récolte avec plus de foin par un payfan que par vous. C'eft une erreur, me repondit Wolmar; le payfan fe foucie moins d'aug- menter le produit que d'épargner fur les fraix, parce que les avances lui font plus pénibles que les profits ne lui font utiles; comme fon objet n'eft pas tant de mettre un fond en valeur que d'y faire peu de dépenfe, s'il s'affure un gain actuel c'eft bien moins en améliorant la terre qu'en l'épuifant, & le mieux qui puiffe arriver eft qu'au lieu de l'épuifer il la néglige. Ainfi pour un peu d'argent content re- cueilli fans embarras, un propriétaire oifif prépare à lui ou à fes enfans de grandes pertes, de grands travaux, & quelquefois la ruine de fon patrimoine.

D'ail-

D'ailleurs, pourſuivit M. de Wolmar, je ne diſconviens pas que je ne faſſe la culture de mes terres à plus grands fraix que ne feroit un fermier ; mais auſſi le profit du fermier c'eſt moi qui le fais, & cette culture étant beaucoup meilleure le produit eſt beaucoup plus grand ; de ſorte qu'en dépenſant davantage , je ne laiſſe pas de gagner encore. Il y a plus ; cet excès de dépenſe n'eſt qu'apparent & produit réellement une très grande économie : car , ſi d'autres cultivoient nos terres, nous ſerions oiſifs ; il faudroit demeurer à la ville, la vie y ſeroit plus chere, il nous faudroit des amuſemens qui nous coûteroient beaucoup plus que ceux que nous trouvons ici ne nous feroient moins ſenſibles. Ces ſoins que vous appellez importuns font à la fois nos devoirs & nos plaiſirs ; grace à la prévoyance avec laquelle on les ordonne, ils ne font jamais pénibles ; ils nous tiennent lieu d'une foule de fantaiſies ruineuſes

dont

dont la vie champêtre prévient ou détruit
le goût, & tout ce qui contribue à notre bien - être devient pour nous un amu-
fement.

Jettez les yeux tout autour de vous,
ajoûtoit ce judicieux pere de famille,
vous n'y verrez que des chofes utiles, qui
ne nous coûtent prefque rien & nous é-
pargnent mille vaines dépenfes. Les feules denrées du cru couvrent notre table,
les feules étoffes du pays compofent prefque nos meubles & nos habits: rien n'eft
méprifé parce qu'il eft commun, rien
n'eft eftimé parce qu'il eft rare. Comme
tout ce qui vient de loin eft fujet à être
déguifé ou falfifié, nous nous bornons,
par délicateffe autant que par modération
au choix de ce qu'il y a de meilleur auprès de nous & dont la qualité n'eft pas
fufpecte. Nos mets font fimples, mais
choifis. Il ne manque à notre table pour
être fomptueufe que d'être fervie loin
d'ici; car tout y eft bon, tout y feroit
rare

rare, & tel gourmand trouveroit les trui-
tes du lac bien meilleures, s'il les man-
geoit à Paris.

La même regle a lieu dans le choix
de la parure, qui comme vous voyez n'est
pas négligée ; mais l'élégance y préside
seule, la richesse ne s'y montre jamais,
encore moins la mode. Il y a une grande différence entre le prix que l'opinion
donne aux choses & celui qu'elles ont
réellement. C'est à ce dernier seul que
Julie s'attache, & quand il est question
d'une étoffe, elle ne cherche pas tant si
elle est ancienne ou nouvelle que si elle
est bonne & si elle lui siéd. Souvent
même la nouveauté seule est pour elle un
motif d'exclusion, quand cette nouveauté
donne aux choses un prix qu'elles n'ont
pas ou qu'elles ne sauroient garder.

Considerez encore qu'ici l'effet de chaque chose vient moins d'elle même que
de son usage & de son accord avec le

Tome V.   D   reste,

reste, de sorte qu'avec des parties de peu de valeur Julie a fait un tout d'un grand prix. Le goût aime à créer, à donner seul la valeur aux choses. Autant la loi de la mode est inconstante & ruineuse, autant la sienne est économe & durable. Ce que le bon goût approuve une fois est toujours bien; s'il est rarement à la mode, en revanche il n'est jamais ridicule, & dans sa modeste simplicité il tire de la convenance des choses des regles inaltérables & sûres, qui restent quand les modes ne sont plus.

Ajoûtez enfin que l'abondance du seul nécessaire ne peut dégénérer en abus; parce que le nécessaire a sa mesure naturelle, & que les vrais besoins n'ont jamais d'excès. On peut mettre la dépense de vingt habits en un seul, & manger en un repas le revenu d'une année; mais on ne sauroit porter deux habits en même tems ni diner deux fois en un jour. Ainsi l'o-
pinion

pinion eſt illimitée, au lieu que la nature nous arrête de tous côtés, & celui qui dans un état médiocre ſe borne au bien-être ne riſque point de ſe ruiner.

Voila, mon cher, continuoit le ſage Wolmar, comment avec de l'économie & des ſoins on peut ſe mettre au deſſus de ſa fortune. Il ne tiendroit qu'à nous d'augmenter la notre ſans changer notre maniere de vivre; car il ne ſe fait ici preſque aucune avance qui n'ait un pro-duit pour objet, & tout ce que nous dé-penſons nous rend dequoi dépenſer beau-coup plus.

Hébien, Milord, rien de tout cela ne paroit au premier coup d'œil. Par tout un air de profuſion couvre l'ordre qui le donne; il faut du tems pour appercevoir des loix ſomptuaires qui menent à l'ai-ſance & au plaiſir, & l'on a d'abord pei-ne à comprendre comment on jouït de ce qu'on épargne. En y réfléchiſſant le con-

tente-

tentement augmente , parce qu'on voit
que la source en est intariſſable & que
l'art de goûter le bonheur de la vie ſert
encore à le prolonger. Comment ſe laſ-
ſeroit-on d'un état ſi conforme à la nature? Comment épuiſeroit-on ſon héritage
en l'améliorant tous les jours? Comment
ruineroit-on ſa fortune en ne conſomant
que ſes revenus ? Quand chaque année
on eſt ſûr de la ſuivante, qui peut troubler la paix de celle qui court? Ici le
fruit du labeur paſſé ſoutient l'abondance
préſente, & le fruit du labeur préſent annonce l'abondance à venir; on jouït à la
fois de ce qu'on dépenſe & de ce qu'on
recueille, & les divers tems ſe raſſemblent
pour affermir la ſécurité du préſent.

Je ſuis entré dans tous les détails du
ménage & j'ai partout vu regner le même eſprit. Toute la broderie & la dentelle ſortent du gynécée; toute la toile
eſt filée dans la baſſe-cour ou par de pau-

vres

vres femmes que l'on nourrit. La laine
s'envoye à des manufactures dont on tire
en échange des draps pour habiller les
gens; le vin, l'huile, & le pain se font
dans la maison; on a des bois en coupe
reglée autant qu'on en peut consommer;
le boucher se paye en bétail, l'épicier reçoit du bled pour ses fournitures; le salaire des ouvriers & des domestiques se
prend sur le produit des terres qu'ils font
valoir; le loyer des maisons de la ville suffit pour l'ameublement de celles qu'on habite; les rentes sur les fonds publics four-
nissent à l'entretien des maitres, & au
peu de vaisselle qu'on se permet, la vente des vins & des bleds qui restent donne un fond qu'on laisse en reserve pour
les dépenses extraordinaires; fond que la
prudence de Julie ne laisse jamais tarir,
& que sa charité laisse encore moins augmenter. Elle n'accorde aux choses de
pur agrément que le profit du travail qui

se

se fait dans sa maison, celui des terres qu'ils ont défrichées, celui des arbres qu'ils ont fait planter &c. Ainsi le produit & l'emploi se trouvant toujours compensés par la nature des choses, la balance ne peut être rompue, & il est impossible de se déranger.

Bien plus; les privations qu'elle s'impose par cette volupté tempérante dont j'ai parlé font à la fois de nouveaux moyens de plaisir & de nouvelles ressources d'économie. Par exemple elle aime beaucoup le caffé; chez sa mere elle en prenoit tous les jours. Elle en a quitté l'habitude pour en augmenter le goût; elle s'est bornée à n'en prendre que quand elle a des hôtes, & dans le salon d'Apollon, afin d'ajouter cet air de fête à tous les autres. C'est une petite sensualité qui la flate plus, qui lui coûte moins, & par laquelle elle aiguise & régle à la fois sa gourmandise. Au contraire, elle met

à

à deviner & satisfaire les goûts de son pere & de son mari une attention sans relâche, une prodigalité naturelle & pleine de graces qui leur fait mieux goûter ce qu'elle leur offre par le plaisir qu'elle trouve à le leur offrir. Ils aiment tous deux à prolonger un peu la fin du repas, à la Suisse: Elle ne manque jamais après le soupé de faire servir une bouteille de vin plus délicat, plus vieux que celui de l'ordinaire. Je fus d'abord la dupe des noms pompeux qu'on donnoit à ces vins, qu'en effet je trouve excellens, &, les buvant comme étant des lieux dont ils portoient les noms, je fis la guerre à Julie d'une infraction si manifeste à ses maximes; mais elle me rappella en riant un passage de Plutarque, où Flaminius compare les troupes Asiatiques d'Antiochus sous mille noms barbares, aux ragoûts divers sous lesquels un ami lui avoit déguisé la même viande. Il en est

de

de même, dit-elle, de ces vins étrangers
que vous me reprochez. Le rancio, le che-
rez, le malaga, le chaffaigne, le firacufe
dont vous buvez avec tant de plaifir ne
font en effet que des vins de Lavaux diverfement préparés, & vous pouvez voir
d'ici le vignoble qui produit toutes ces
boiffons lointaines. Si elles font inférieu-
res en qualités aux vins fameux dont elles
portent les noms, elles n'en ont pas les
inconvéniens, & comme on eft fûr de ce
qui les compofe, on peut au moins les
boire fans rifque. J'ai lieu de croire,
continua-t-elle, que mon pere & mon
mari les aiment autant que les vins les
plus rares. Les fiens, me dit alors M.
de Wolmar ont pour nous un goût dont
manquent tous les autres ; c'eft le plaifir
qu'elle a pris à les préparer. Ah, reprit-
elle, ils feront toujours exquis !

Vous jugez bien qu'au milieu de tant
de foins divers le defœuvrement & l'oi-

fiveté

-ſiveté qui rendent néceſſaires la compagnie les viſites & les ſociétés extérieures,
ne trouvent guere ici de place. On fré-
quente les voiſins, aſſés pour entretenir
un commerce agréable, trop peu pour
s'y aſſujetir. Les hôtes ſont toujours bien
venus & ne ſont jamais deſirés. On ne
voit préciſement qu'autant de monde qu'il
faut pour ſe conſerver le goût de la retraite; les occupations champêtres tiennent lieu d'amuſemens, & pour qui trouve au ſein de ſa famille une douce ſociété, toutes les autres ſont bien inſipides.
La maniere dont on paſſe ici le tems eſt
trop ſimple & trop uniforme pour tenter
beaucoup de gens (*); mais c'eſt par la

diſpo-

(*) Je crois qu'un de nos beaux-eſprits vo-
yageant dans ce pays-là, reçu & careſſé dans
cette maiſon à ſon paſſage, feroit enſuite à ſes
amis une relation bien plaiſante de la vie de
manans qu'on y mene. Au reſte, je vois par
les lettres de Miladi Catesby que ce goût n'eſt

D 5

pas

difposition du cœur de ceux qui l'ont a-
doptée qu'elle leur eft intéreffante.   Avec
une ame faine, peut-on s'ennuyer à remplir les plus chers & les plus charmans
devoirs de l'humanité, & à fe rendre
mutuellement la vie heureufe? Tous les
foirs Julie contente de fa journée n'en
defire point une différente pour le lendemain, & tous les matins elle demande au
Ciel un jour femblable à celui de la veille : elle fait toujours les mêmes chofes
parce qu'elles font bien, & qu'elle ne
connoit rien de mieux à faire. Sans doute elle jouït ainfi de toute la félicité per-
mife à l'homme. Se plaire dans la durée
de fon état n'eft-ce pas un figne affuré
qu'on y vit heureux?

Si

pas particulier à la France, & que c'eft apparemment auffi l'ufage en Angleterre de tourner
fes hôtes en ridicules, pour prix de leur hofpi-
talité.

Si l'on voit rarement ici de ces tas
de defœuvrés qu'on appelle bonne compagnie, tout ce qui s'y raffemble inte-
reffe le cœur par quelque endroit avanta-
geux, & rachette quelques ridicules par
mille vertus. De paifibles campagnards
fans monde & fans politeffe; mais bons,
fimples, honnêtes & contens de leur
fort; d'anciens officiers retirés du fervice;
des commerçans ennuyés de s'enrichir;
de fages meres de famille qui amenent
leurs filles à l'école de la modeftie & des
bonnes mœurs; voila le cortège que Julie
aime à raffembler autour d'elle. Son mari n'eft pas faché d'y joindre quelquefois
de ces avanturiers corrigés par l'âge &
l'expérience, qui, devenus fages à leurs
dépends, reviennent fans chagrin cultiver
le champ de leur pere qu'ils voudroient
n'avoir point quitté. Si quelqu'un récite
à table les événemens de fa vie, ce ne
font point les avantures merveilleufes du

ri-

riche Sindbad racontant au fein de la moleffe orientale comment il a gagné fes
tréfors : Ce font les rélations plus fimples de gens fenfés que les caprices du
fort & les injuftices des hommes ont rebutés des faux biens vainement pourfui-
vis, pour leur rendre le goût des véri-
tables.

Croiriez-vous que l'entretien même des
payfans a des charmes pour ces ames éle-
vées avec qui le fage aimeroit à s'inftruire? Le judicieux Wolmar trouve dans la
naiveté villageoife des caractères plus mar-
qués, plus d'hommes penfans par eux-
mêmes que fous le mafque uniforme des
habitans des villes, où chacun fe montre
comme font les autres, plutôt que comme il eft lui-même. La tendre Julie trouve en eux des cœurs fenfibles aux moindres careffes, & qui s'eftiment heureux
de l'intérêt qu'elle prend à leur bonheur.
Leur cœur ni leur efprit ne font point

façonnés par l'art; ils n'ont point appris à se former sur nos modeles, & l'on n'a pas peur de trouver en eux l'homme de l'homme, au lieu de celui de la nature.

Souvent dans ses tournées M. de Wolmar rencontre quelque bon Vieillard dont le sens & la raison le frapent, & qu'il se plait à faire causer. Il l'amene à sa femme; elle lui fait un accueil charmant, qui marque, non la politesse & les airs de son état, mais la bienveuillance & l'humanité de son caractere. On retient le bon-homme à diner. Julie le place à côté d'elle, le sert, le caresse, lui parle avec intérêt, s'informe de sa famille, de ses affaires, ne sourit point de son embarras, ne donne point une attention gênante à ses manieres rustiques, mais le met à son aise par la facilité des siennes, & ne sort point avec lui de ce tendre & touchant respect dû à la vieillesse infirme qu'honore une longue vie passée sans re-

D 7

pro-

proche. Le vieillard enchanté se livre à l'épanchement de son cœur; il semble reprendre un moment la vivacité de sa jeuneſſe. Le vin bu à la ſanté d'une jeune Dame en rechauffe mieux ſon ſang à demi-glacé. Il ſe ranime à parler de ſon ancien tems, de ſes amours, de ſes campagnes, des combats où il s'eſt trouvé, du courage de ſes compatriotes, de ſon retour au pays, de ſa femme, de ſes enfans, des travaux champêtres, des abus qu'il a remarqués, des remedes qu'il imagine. Souvent des longs diſcours de ſon âge ſortent d'excellens préceptes moraux, ou des leçons d'agriculture; & quand il n'y auroit dans les choſes qu'il dit que le plaiſir qu'il prend à les dire, Julie en prendroit à les écouter.

Elle paſſe après le diné dans ſa chambre, & en rapporte un petit préſent de quelque nippe convenable à la femme ou aux filles du vieux bon-homme. Elle le

lui

lui fait offrir par les enfans, & réciproquement il rend aux enfans quelque don simple & de leur goût dont elle l'a secretement chargé pour eux. Ainsi se forme de bonne heure l'étroite & douce bienveuillance qui fait la liaison des états divers. Les enfans s'accoutument à honorer la vieillesse, à estimer la simplicité, & à distinguer le mérite dans tous les rangs. Les paysans, voyant leurs vieux peres fêtés dans une maison respectable & admis à la table des maitres, ne se tiennent point offensés d'en être exclus ; ils ne s'en prennent point à leur rang mais à leur âge ; ils ne disent point, nous sommes trop pauvres, mais, nous sommes trop jeunes pour être ainsi traittés : l'honneur qu'on rend à leurs vieillards & l'espoir de le partager un jour les consolent d'en être privés & les excitent à s'en rendre dignes.

Cependant, le vieux bon-homme, en-

cor

core attendri des caresses qu'il a reçues, revient dans sa chaumiere, empressé de montrer à sa femme & à ses enfans les dons qu'il leur apporte. Ces bagatelles répandent la joye dans toute une famille qui voit qu'on a daigné s'occuper d'elle. Il leur raconte avec emphase la reception qu'on lui a faite, les mets dont on l'a servi, les vins dont il a goûté, les discours obligeans qu'on lui a tenus, combien on s'est informé d'eux, l'affabilité des maitres, l'attention des serviteurs, & généralement ce qui peut donner du prix aux marques d'estime & de bonté qu'il a reçues; en le racontant il en jouït une seconde fois, & toute la maison croit jouït aussi des honneurs rendus à son chef. Tous bénissent de concert cette famille illustre & généreuse qui donne exemple aux grands & réfuge aux petits, qui ne dédaigne point le pauvre & rend honneur aux cheveux blancs. Voila l'encens qui

plait

plait aux ames bienfaisantes. S'il est des bénédictions humaines que le Ciel daigne exaucer, ce ne sont point celles qu'arrache la flaterie & la bassesse en présence des gens qu'on loue; mais celles que dicte en secret un cœur simple & reconnoissant au coin d'un foyer rustique.

C'est ainsi qu'un sentiment agréable & doux peut couvrir de son charme une vie insipide à des cœurs indifférens: c'est ainsi que les soins, les travaux, la retraite peuvent devenir des amusemens par l'art de les diriger. Une ame saine peut donner du goût à des occupations communes, comme la santé du corps fait trouver bons les alimens les plus simples. Tous ces gens ennuyés qu'on amuse avec tant de peine doivent leur dégoût à leurs vices, & ne perdent le sentiment du plaisir qu'avec celui du devoir. Pour Julie, il lui est arrivé précisément le contraire, & des soins qu'une certaine langueur d'ame lui eut laiſſé négliger autrefois, lui deviennent intéreſſans par le motif qui les inſpire. Il faudroit être inſenſible pour être toujours ſans vivacité. La ſienne s'eſt developpée par les mêmes cauſes qui la réprimoient autrefois. Son cœur cherchoit la retraite & la ſolitude pour ſe livrer en paix aux affections dont il étoit pénétré ; maintenant elle a pris une activité nouvelle en formant de nouveaux liens. Elle n'eſt point de ces indolentes meres de famille, contentes d'étudier quand il faut agir, qui perdent à s'inſtruire des devoirs d'autrui le tems qu'elles devroient mettre à remplir les leurs. Elle pratique aujourd'hui ce qu'elle aprenoit autrefois. Elle n'étudie plus, elle ne lit plus ; elle agit. Comme elle ſe leve une heure plus tard que ſon mari, elle ſe couche auſſi plus tard d'une heure. Cette heure eſt le ſeul tems qu'elle donne encore à l'étude, & la journée ne lui paroit jamais aſſés

lon-

longue pour tous les soins dont elle aime à la remplir.

Voila, Milord, ce que j'avois à vous dire sur l'économie de cette maison, & sur la vie privée des maitres qui la gouvernent. Contens de leur sort, ils en jouïssent paisiblement; contens de leur fortune, ils ne travaillent pas à l'augmenter pour leurs enfans; mais à leur laisser avec l'héritage qu'ils ont reçu, des terres en bon état, des domestiques affectionnés, le goût du travail, de l'ordre, de la modération, & tout ce qui peut rendre douce & charmante à des gens sensés la jouïssance d'un bien médiocre, aussi sagement conservé qu'il fut honnêtement acquis.

LETTRE III. (*)

A Milord Edouard.

NOus avons eu des hôtes ces jours derniers. Ils sont repartis hier, & nous recommençons entre nous trois une société d'autant plus charmante qu'il n'est rien resté dans le fond des cœurs qu'on veuille se cacher l'un à l'autre. Quel plaisir je goûte à reprendre un nouvel être qui me rend digne de votre confiance!

Je

(*) Deux Lettres écrites en différens tems rouloient sur le sujet de celle-ci, ce qui occasionnoit bien des répétitions inutiles. Pour les retrancher, j'ai réuni ces deux Lettres en une seule. Au reste ; sans prétendre justifier l'excessive longueur de plusieurs des lettres dont ce recueil est composé, je remarquerai que les lettres des solitaires sont longues & rares ; celles des gens du monde fréquentes & courtes. Il ne faut qu'observer cette différence pour en sentir à l'instant la raison.

Je ne reçois pas une marque d'eſtime de Julie & de ſon mari, que je ne me diſe avec une certaine fierté d'ame; enfin j'oſerai me montrer à lui. C'eſt par vos ſoins, c'eſt ſous vos yeux que j'eſpere honorer mon état préſent de mes fautes paſſées. Si l'amour éteint jette l'ame dans l'épuiſement, l'amour ſubjugué lui donne avec la conſcience de ſa victoire une élévation nouvelle, & un attrait plus vif pour tout ce qui eſt grand & beau. Voudroit-on perdre le fruit d'un ſacrifice qui nous a coûté ſi cher? Non, Milord, je ſens qu'à votre exemple mon cœur va mettre à profit tous les ardens ſentimens qu'il a vaincus. Je ſens qu'il faut avoir été ce que je fus pour devenir ce que je veux être.

Après ſix jours perdus aux entretiens frivoles des gens indifférens, nous avons paſſé aujourd'hui une matinée à l'angloiſe, réunis & dans le ſilence, goûtant à la fois le plaiſir d'être enſemble & la douceur

ceur du recueillement. Que les delices de cet état font connues de peu de gens! Je n'ai vu perfonne en France en avoir la moindre idée. La converfation des amis ne tarit jamais, difent-ils. Il eft vrai, la langue fournit un babil facile aux attachemens médiocres. Mais l'amitié, Milord, l'amitié! fentiment vif & célefte, quels difcours font dignes de toi? Quelle langue ofe être ton interprête? Jamais ce qu'on dit à fon ami peut-il valoir ce qu'on fent à fes côtés? Mon Dieu! qu'une main ferrée, qu'un regàrd animé, qu'une étreinte contre la poitrine, que le foupir qui la fuit difent de chofes, & que le premier mot qu'on prononce eft froid après tout cela! O veillées de Befançon! momens confacrés au filence & recueillis par l'amitié! O Bomfton! ame grande, ami fublime! Non, je n'ai point avili ce que tu fis pour moi, & ma bouche ne t'en a jamais rien dit.

Il eft fûr que cet état de contempla

tion

tion fait un des grands charmes des
hommes fenfibles. Mais j'ai toujours
trouvé que les importuns empêchoient
de le goûter, & que les amis ont befoin d'être fans témoin pour pouvoir
fe rien dire, à leur aife. On veut
être recueillis, pour ainfi dire, l'un dans
l'autre : les moindres diftractions font dé-
folantes, la moindre contrainte eft infup-
portable. Si quelquefois le cœur porte
un mot à la bouche, il eft fi doux de
pouvoir le prononcer fans gêne. Il femble qu'on n'ofe penfer librement ce qu'on
n'ofe dire de même : il femble que la
préfence d'un feul étranger retienne le fentiment, & comprime des ames qui s'entendroient fi bien fans lui.

Deux heures fe font ainfi écoulées entre nous dans cette immobilité d'extafe,
plus douce mille fois que le froid repos
des Dieux d'Epicure. Après le déjeuné,
les enfans font entrés comme à l'ordinaire dans la chambre de leur mere ; mais

au lieu d'aller enfuite s'enfermer avec eux dans le gynécée felon fa coutume; pour nous dédomager en quelque forte du tems perdu fans nous voir, elle les a fait ref- ter avec elle, & nous ne nous fommes point quités jufqu'au diner. Henriette qui commence à favoir tenir l'aiguille, tra- vailloit affife devant la Fanchon qui fai- foit de la dentelle, & dont l'oreiller pofoit fur le doffier de fa petite chaife. Les deux garçons feuilletoient fur une table un recueil d'images, dont l'ainé expli- quoit les fujets au cadet. Quand il fe trompoit, Henriette attentive & qui fait le recueil par cœur avoit foin de le cor- riger. Souvent feignant d'ignorer à quel- le eftampe ils étoient, elle en tiroit un prétexte de fe lever, d'aller & venir de fa chaife à la table & de la table à fa chaife. Ces promenades ne lui déplai- foient pas & lui attiroient toujours quel- que agacerie de la part du petit mali; quelquefois même il s'y joignoit un baifer,

que

que fa bouche enfantine fait mal appli-
quer encore, mais dont Henriette, déja
plus favante, lui épargne volontiers la façon. Pendant ces petites leçons qui fe
prenoient & fe donnoient fans beaucoup
de foin, mais auffi fans la moindre
gêne, le cadet comptoit furtivement des
onchets de buis, qu'il avoit cachés fous
le livre.

Madame de Wolmar brodoit près de la
fenêtre vis à vis des enfans; nous étions
fon mari & moi encore autour de la table
à thé lifans la gazette, à laquelle elle prê-
toit affés peu d'attention. Mais à l'article de la maladie du Roi de France & de
l'attachement fingulier de fon peuple, qui
n'eut jamais d'égal que celui des Romains
pour Germanicus, elle a fait quelques
réflexions fur le bon naturel de cette nation douce & bienveuillante que toutes
haïffent & qui n'en hait aucune, ajoûtant
qu'elle n'envioit du rang fuprême, que

Tome V.   E   le

le plaisir de s'y faire aimer. N'enviez
rien, lui a dit son mari d'un ton qu'il
m'eut dû laisser prendre; il y a longtems
que nous sommes tous vos sujets.   A ce
mot, son ouvrage est tombé de ses mains;
elle a tourné la tête, & jetté sur son digne époux un regard si touchant, si tendre, que j'en ai tressailli moi-même. Elle
n'a rien dit: qu'eut-elle dit qui valut ce
regard? Nos yeux se font aussi rencon-
trés. J'ai senti à la maniere dont son mari m'a serré la main que la même émotion nous gagnoit tous trois, & que la
douce influence de cette ame expansive
agissoit autour d'elle, & triomphoit de
l'insensibilité même.

   C'est dans ces dispositions qu'a commencé le silence dont je vous parlois; vous
pouvez juger qu'il n'étoit pas de froideur
& d'ennui.   Il n'étoit interrompu que par
le petit manege des enfans; encore, auf-
si-tôt que nous avons cessé de parler,

ont

La matinée à l'Angloise.

ont-ils modéré par imitation leur caquet, comme craignant de troubler le recueille-ment univerfel. C'eft la petite Surinten-dante qui la premiere s'eft mife à baiffer la voix, à faire figne aux autres, à cour-rir fur la pointe du pied, & leurs jeux font devenus d'autant plus amufans que cette legere contrainte y ajoûtoit un nou-vel intérêt. Ce fpectacle qui fembloit être mis fous nos yeux pour prolonger notre attendriffement a produit fon effet naturel.

Ammutifcon le lingue, e parlan l'alme.

Que de chofes fe font dites fans ouvrir la bouche! Que d'ardens fentimens fe font communiqués fans la froide entremife de la parole! Infenfiblement Julie s'eft laiffée abforber à celui qui dominoit tous les au-tres. Ses yeux fe font tout à fait fixés fur fes trois enfans, & fon cœur ravi dans une fi délicieufe extafe animoit fon

E 2

char-

charmant visage de tout ce que la tendresse maternelle eut jamais de plus touchant.

Livrés nous-mêmes à cette double contemplation, nous nous laissions entraîner Wolmar & moi à nos rêveries, quand les enfans, qui les causoient, les ont fait finir. L'aîné, qui s'amusoit aux images, voyant que les onchets empêchoient son frere d'être attentif, a pris le tems qu'il les avoit rassemblés, & lui donnant un coup sur la main, les a fait sauter par la chambre. Marcellin s'est mis à pleurer, & sans s'agiter pour le faire taire, Mad^e. de Wolmar a dit à Fanchon d'emporter les onchets. L'enfant s'est tû sur le champ, mais les onchets n'ont pas moins été emportés, sans qu'il ait recommencé de pleurer comme je m'y étois attendu. Cette circonstance qui n'étoit rien m'en a rappellé beaucoup d'autres auxquelles je n'avois fait nulle attention, & je ne me souviens pas, en y penſant, d'avoir vu d'enfans à qui l'on parlât ſi peu & qui fuſſent moins incomodes. Ils ne quitent preſque jamais leur mere, & à peine s'apperçoit-on qu'ils ſoient là. Ils ſont vifs, étourdis, ſemillans, comme il convient à leur âge, jamais importuns ni criards, & l'on voit qu'ils ſont diſcrets avant de ſavoir ce que c'eſt que diſcretion. Ce qui m'étonnoit le plus dans les réflexions où ce ſujet m'a conduit, c'étoit que cela ſe fit comme de ſoi-même, & qu'avec une ſi vive tendreſſe pour ſes enfans, Julie ſe tourmentât ſi peu autour d'eux. En effet, on ne la voit jamais s'empreſſer à les faire parler ou taire, ni à leur preſcrire ou deffendre ceci ou cela. Elle ne diſpute point avec eux, elle ne les contrarie point dans leurs amuſemens; on diroit qu'elle ſe contente de les voir & de les aimer, & que quand ils ont paſſé leur journée avec elle, tout ſon de-

voir

voir de mere est rempli.

Quoique cette paisible tranquilité me parut plus douce à considérer que l'inquiete sollicitude des autres meres, je n'en étois pas moins frapé d'une indolence qui s'accordoit mal avec mes idées. J'aurois voulu qu'elle n'eut pas encore été contente avec tant de sujets de l'être: une activité superflue sied si bien à l'amour maternel! Tout ce que je voyois de bon dans ses enfans, j'aurois voulu l'attribuer à ses soins; j'aurois voulu qu'ils dussent moins à la nature & davantage à leur mere, je leur aurois presque desiré des défauts pour la voir plus empressée à les corriger.

Après m'être occupé longtems de ces réflexions en silence, je l'ai rompu pour les lui communiquer. Je vois, lui ai-je dit, que le Ciel récompense la vertu des meres par le bon naturel des enfans: mais ce bon naturel veut être cultivé.

tivé. C'est dès leur naissance que doit commencer leur éducation. Est-il un tems plus propre à les former, que celui où ils n'ont encore aucune forme à détruire? Si vous les livrez à eux-mêmes dès leur enfance, à quel âge attendrez-vous d'eux de la docilité? Quand vous n'auriez rien à leur apprendre, il faudroit leur apprendre à vous obéir. Vous appercevez-vous, a-t-elle répondu, qu'ils me désobéissent? Cela seroit difficile, ai-je dit, quand vous ne leur commandez rien. Elle s'est mise à sourire en regardant son mari, & me prenant par la main, elle m'a mené dans le cabinet, où nous pouvions causer tous trois sans être entendus des enfans.

C'est là que m'expliquant à loisir ses maximes, elle m'a fait voir sous cet air de négligence la plus vigilante attention qu'ait jamais donné la tendresse maternelle. Longtems m'a-t-elle dit, j'ai

pen-

penfé comme vous fur les inftructions prématurées, & durant ma premiere grof- feffe, effrayée de tous mes devoirs & des foins que j'aurois bientôt à remplir, j'en parlois fouvent à M. de Wolmar a- vec inquiétude. Quel meilleur guide pou- vois-je prendre en cela qu'un obfervateur éclairé, qui joignoit à l'intérêt d'un pere le fens - froid d'un philofophe? Il remplit & paffa mon attente; il diffipa mes pré- jugés & m'apprit à m'affurer avec moins de peine un fuccès beaucoup plus éten- du. Il me fit fentir que la premiere & plus importante éducation, celle précifé- ment que tout le monde oublie (*) eft de rendre un enfant propre à être élevé. Une erreur commune à tous les parens qui fe piquent de lumieres eft de fuppo- fer

_____

(*) Locke lui - même, le fage Locke l'a ou- bliée; il dit bien plus ce qu'on doit exiger des enfans, que ce qu'il faut faire pour l'obtenir.

fer leurs enfans raisonnables dès leur naiſſance, & de leur parler comme à des
hommes avant même qu'ils ſachent parler. La raiſon eſt l'inſtrument qu'on penſe employer à les inſtruire, au lieu que
les autres inſtrumens doivent ſervir à former celui-là, & que de toutes les inſtruc-
tions propres à l'homme, celle qu'il acquiert le plus tard & le plus difficilement
eſt la raiſon même. En leur parlant dès
leur bas âge une langue qu'ils n'entendent
point, on les accoutume à ſe payer de
mots, à en payer les autres, à controller
tout ce qu'on leur dit, à ſe croire auſſi
ſages que leurs maîtres, à devenir diſpu-
teurs & mutins, & tout ce qu'on penſe
obtenir d'eux par des motifs raiſonnables,
on ne l'obtient en effet que par ceux de
crainte ou de vanité qu'on eſt toujours
forcé d'y joindre.

Il n'y a point de patience que ne laſſe enfin l'enfant qu'on veut élever ainſi;

E 5 &

& voila comment, ennuyés, rebutés, excédés de l'éternelle importunité dont ils leur ont donné l'habitude eux-mêmes, les parens ne pouvant plus supporter le tracas des enfans font forcés de les éloigner d'eux en les livrant à des maitres ; comme si l'on pouvoit jamais esperer d'un Precepteur plus de patience & de douceur que n'en peut avoir un pere.

La nature, a continué Julie, veut que les enfans foient enfans avant que d'être hommes. Si nous voulons pervertir cet ordre, nous produirons des fruits précoces qui n'auront ni maturité ni faveur, & ne tarderont pas à fe corrompre; nous aurons de jeunes docteurs & de vieux enfans. L'enfance a des manieres de voir, de penfer, de fentir qui lui font propres. Rien n'eft moins fenfé que d'y vouloir fubftituer les notres, & j'aimerois autant exiger qu'un enfant eut

cinq

cinq pieds de haut que du jugement à
dix ans.

La raison ne commence à se former
qu'au bout de plusieurs années, & quand
le corps a pris une certaine consistance.
L'intention de la nature est donc que le
corps se fortifie avant que l'esprit s'exerce. Les enfans sont toujours en mouvement ; le repos & la réflexion sont
l'aversion de leur âge ; une vie appli-
quée & sédentaire les empêche de croi-
tre & de profiter ; leur esprit ni leur
corps ne peuvent supporter la contrainte. Sans cesse enfermés dans une chambre avec des livres, ils perdent toute
leur vigueur ; ils deviennent délicats, foibles, mal-sains, plutôt hébêtés que raiso-
nables ; & l'ame se sent toute la vie du
déperissement du corps.

Quand toutes ces instructions prématurées profiteroient à leur jugement autant qu'elles y nuisent, encore y auroit-il

un

un très grand inconvénient à les leur donner indiftinctement, & fans égard à celles qui conviennent par préférence au génie de chaque enfant. Outre la conftitution commune à l'efpece chacun apporte en naiffant un temperament particulier qui détermine fon génie & fon caractere, & qu'il ne s'agit ni de changer ni de contraindre, mais de former & de perfectionner. Tous les caracteres font bons & fains en eux-mêmes, felon M. de Wolmar. Il n'y a point, dit-il, d'erreurs dans la nature (*). Tous les vices qu'on impute au naturel font l'effet des mauvaifes formes qu'il a reçues. Il n'y a point de fcélérat dont les penchans mieux dirigés n'euffent produit de grandes vertus. Il n'y a point d'efprit faux dont on n'eut tiré des talens utiles en le pre-

(*) Cette doctrine fi vraye me furprend dans M. de Wolmar; on verra bientôt pourquoi.

prenant d'un certain biais, comme ces
figures difformes & monftrueufes qu'on
rend belles & bien proportionnées en les
mettant à leur point de vue. Tout concourt au bien commun dans le fiftême
univerfel. Tout homme a fa place affi-
gnée dans le meilleur ordre des chofes, il
s'agit de trouver cette place & de ne pas
pervertir cet ordre. Qu'arrive-t-il d'une
éducation commencée dès le berceau &
toujours fous une même formule, fans é-
gard à la prodigieufe diverfité des efprits?
Qu'on donne à la plupart des inftructions nuifibles ou déplacées, qu'on les
prive de celles qui leur conviendroient,
qu'on gêne de toutes parts la nature,
qu'on efface les grandes qualités de l'a-
me, pour en fubftituer de petites &
d'apparentes qui n'ont aucune réalité;
qu'en exerçant indiftinctement aux mêmes chofes tant de talens divers on efface les uns par les autres, on les confond

E 7

tous;

tous ; qu'après bien des foins perdus à gâter dans les enfans les vrais dons de la nature, on voit bientôt ternir cet éclat paffager & frivole qu'on leur préfere, fans que le naturel étouffé revienne jamais ; qu'on perd à la fois ce qu'on a détruit & ce qu'on a fait ; qu'enfin pour le prix de tant de peine indifcretement prife, tous ces petits prodiges deviennent des efprits fans force & des hommes fans mérite, uniquement remarquables par leur foibleffe & par leur inutilité.

J'entends ces maximes, ai-je dit à Julie ; mais j'ai peine a les accorder avec vos propres fentimens fur le peu d'avantage qu'il y a de déveloper le génie & les talens naturels de chaque individu, foit pour fon propre bonheur, foit pour le vrai bien de la fociété. Ne vaut-il pas infiniment mieux former un parfait modele de l'homme raifonnable & de l'honnête homme ; puis rapprocher chaque enfant

de

de ce modele par la force de l'éducation, en excitant l'un, en retenant l'autre, en réprimant les paffions, en perfectionnant la raifon, en corrigeant la nature .... Corriger la nature ! a dit Wolmar en m'interrompant ; ce mot eft beau ; mais avant que de l'employer, il faloit répondre à ce que Julie vient de vous dire.

Une réponfe très-peremptoire, à ce qu'il me fembloit, étoit de nier le principe ; c'eft ce que j'ai fait. Vous fuppofés toujours que cette diverfité d'efprits & de génies qui diftinguent les individus eft l'ouvrage de la nature ; & cela n'eft rien moins qu'évident. Car enfin, fi les efprits font différents ils font inégaux, & fi la nature les a rendus inégaux, c'eft en douant les uns préférablement aux autres d'un peu plus de fineffe de fens, d'étendue de mémoi-

re,

re, ou de capacité d'attention. Or quant aux sens & à la mémoire, il est prouvé, par l'expérience que leurs divers dégrés d'étendue & de perfection ne sont point la mesure de l'esprit des hommes; & quant à la capacité d'attention, elle dépend uniquement de la force des passions qui nous animent, & il est encore prouvé que tous les hommes sont par leur nature susceptibles de passions assés fortes pour les douer du dégré d'attention auquel est attachée la supériorité de l'esprit.

Que si la diversité des esprits, au lieu de venir de la nature, étoit un effet de l'éducation, c'est à dire, des diverses idées, des divers sentimens qu'excitent en nous dès l'enfance les objets qui nous frapent, les circonstances où nous nous trouvons, & toutes les impressions que nous recevons; bien loin d'attendre

pour

pour élever les enfans qu'on connût le caractere de leur efprit, il faudroit au contraire fe hâter de déterminer convenablement ce caractere, par une éducation propre à celui qu'on veut leur donner.

A cela il m'a répondu que ce n'étoit pas fa méthode de nier ce qu'il voyoit, lorfqu'il ne pouvoit l'expliquer. Regardez, m'a-t-il dit, ces deux chiens qui font dans la cour. Ils font de la même portée; ils ont été nourris & traittés de même; ils ne fe font jamais quittés: cependant l'un des deux eft vif, gai, careffant, plein d'intelligence : l'autre lourd, pefant, hargneux, & jamais on n'a pu lui rien apprendre. La feule différence des tempéramens a produit en eux celle des caracteres, comme la feule différence de l'organifation intérieure produit en nous celle des efprits; tout

le

le refte a été femblable .... femblable? ai-je interrompu ; quelle différence ? Combien de petits objets ont agi fur l'un & non pas fur l'autre ! combien de petites circonftances les ont frappés diverfement, fans que vous vous en foyez apperçu ! Bon, a-t-il reprit; vous voila raifonant comme les aftrologues. Quand on leur oppofoit que deux hommes nés fous le même afpect avoient des fortunes fi diverfes, ils rejetoient bien loin cette identité. Ils foûtenoient que, vû la rapidité des cieux, il y avoit une diftance immenfe du thême de l'un de ces hommes à celui de l'autre, & que, fi l'on eut pu marquer les deux inftans précis de leurs naiffances, l'objection fe fut tournée en preuve.

Laiffons je vous prie toutes ces fubtilités, & nous en tenons à l'obfervation. Elle nous apprend qu'il y a des caracteres

teres qui s'annoncent presque en naiffant, & des enfans qu'on peut étudier
fur le fein de leur nourrice. Ceux - là
font une claſſe à part, & s'élevent en
commençant de vivre. Mais quant aux
autres qui fe dévelopent moins vîte,
vouloir former leur efprit avant de le
connoitre, c'eſt s'expofer à gâter le bien
que la nature a fait & à faire plus mal à
fa place. Platon votre maitre ne foute-
noit-il pas que tout le favoir humain, toute la philofophie ne pouvoit tirer d'une
ame humaine que ce que la nature y
avoit mis; comme toutes les opérations
chymiques n'ont jamais tiré d'aucun mix-
te qu'autant d'or qu'il en contenoit déja?
Cela n'eſt vrai ni de nos fentimens ni de
nos idées; mais cela eſt vrai de nos difpofitions à les acquérir. Pour changer un
efprit, il faudroit changer l'organifation
intérieure; pour changer un caractere, il

fau-

faudroit changer le tempérament dont il dépend. Avez-vous jamais ouï dire qu'un emporté foit devenu flegmatique, & qu'un efprit méthodique & froid ait acquis de l'imagination? Pour moi je trouve qu'il feroit tout auffi aifé de faire un blond d'un brun, & d'un fot un homme d'efprit. C'eft donc en vain qu'on prétendroit refondre les divers efprits fur un modele commun. On peut les contraindre & non les changer : on peut empêcher les hommes de fe montrer tels qu'ils font, mais non les faire devenir autres; & s'ils fe déguifent dans le cours ordinaire de la vie, vous les verrez dans toutes les occafions importantes reprendre leur caractere originel, & s'y livrer avec d'autant moins de regle, qu'ils n'en connoiffent plus en s'y livrant. Encore une fois il ne s'agit point de changer le caractere & de plier le naturel, mais au contraire

traire de le pousser aussi loin qu'il peut
aller, de le cultiver & d'empêcher qu'il ne
dégénere ; car c'est ainsi qu'un homme
devient tout ce qu'il peut être , & que
l'ouvrage de la nature s'acheve en lui par
l'éducation. Or avant de cultiver le caractere il faut l'étudier, attendre paisiblement qu'il se montre, lui fournir les
occasions de se montrer, & toujours s'ab-
stenir de rien faire, plutôt que d'agir mal
à propos. A tel génie il faut donner
des ailes, à d'autres des entraves ; l'un
veut être pressé, l'autre retenu ; l'un veut
qu'on le flate, & l'autre qu'on l'intimide ;
il faudroit tantôt éclairer, tantôt abrutir.
Tel homme est fait pour porter la con-
noissance humaine jusqu'à son dernier
terme ; à tel autre il est même funeste de
savoir lire. Attendons la premiere étin-
celle de la raison ; c'est elle qui fait sortir
le caractere & lui donne sa véritable for-

me ;

me; c'eſt par elle auſſi qu'on le culti-
ve, & il n'y a point avant la raiſon de
véritable éducation pour l'homme.

Quant aux maximes de Julie que vous
mettez en oppoſition, je ne ſais ce que
vous y voyez de contradictoire : Pour
moi, je les trouve parfaitement d'accord.
Chaque homme apporte en naiſſant un
caractere, un génie, & des talens qui lui
ſont propres. Ceux qui ſont deſtinés à
vivre dans la ſimplicité champêtre n'ont
pas beſoin pour être heureux du dévelo-
pement de leurs facultés, & leurs talens
enfouïs ſont comme les mines d'or du
Valais que le bien public ne permet pas
qu'on exploite. Mais dans l'état civil où
l'on a moins beſoin de bras que de tête,
& où chacun doit compte à ſoi-même &
aux autres de tout ſon prix, il importe
d'apprendre à tirer des hommes tout ce
que la nature leur a donné, à les diriger
du

du côté où ils peuvent aller le plus loin, & fur tout à nourrir leurs inclinations de tout ce qui peut les rendre utiles. Dans le premier cas on n'a d'égard qu'à l'efpece, chacun fait ce que font tous les autres, l'exemple eft la feule regle, l'habitude eft le feul talent, & nul n'exerce de fon ame que la partie commune à tous. Dans le fecond, on s'applique à l'individu: A l'homme en général on ajoute en lui tout ce qu'il peut avoir de plus qu'un autre ; on le fuit auffi loin que la nature le mêne, & l'on en fera le plus grand des hommes s'il a ce qu'il faut pour le devenir. Ces maximes fe contredifent fi peu que la pratique en eft la même pour le premier âge. N'inftruifez point l'enfant du villageois, car il ne lui convient pas d'être inftruit; N'inftruifez pas l'enfant du Citadin, car vous ne favez encore quelle inftruction lui con-

vient.

vient. En tout état de caufe, laiffez former le corps, jufqu'à ce que la raifon
commence à poindre: Alors c'eft le moment de la cultiver.

Tout cela me paroitroit fort bien, ai-
je dit, fi je n'y voyois un inconvénient
qui nuit fort aux avantages que vous attendez de cette méthode; c'eft de laiffer
prendre aux enfans mille mauvaifes habi-
tudes qu'on ne prévient que par les bonnes. Voyez ceux qu'on abandonne à
eux-mêmes; ils contractent bientôt tous
les défauts dont l'exemple frape leurs
yeux, parce que cet exemple eft com-
mode à fuivre, & n'imitent jamais le
bien, qui coûte plus à pratiquer. Accoutumés à tout obtenir, à faire en toute occafion leur indifcrette volonté, ils
deviennent mutins, têtus, indomptables
.... mais, a repris M. de Wolmar, il
me femble que vous avez remarqué le
con-

contraire dans les notres, & que c'eſt ce qui a donné lieu à cet entretien. Je l'avoue, ai-je dit, & c'eſt préciſément ce qui m'étonne. Qu'a-t-elle fait pour les rendre dociles? Comment s'y eſt-elle priſe? Qu'a-t-elle ſubſtitué au joug de la diſcipline? Un joug bien plus inflexible, a-t-il dit à l'inſtant; celui de la néceſſité: mais en vous détaillant ſa conduite, elle vous fera mieux entendre ſes vues. Alors il l'a engagée à m'expliquer ſa méthode, & après une courte pauſe, voici à peu près comme elle m'a parlé.

Heureux les bien nés, mon aimable ami! Je ne préſume pas autant de nos ſoins que M. de Wolmar. Malgré ſes maximes, je doute qu'on puiſſe jamais tirer un bon parti d'un mauvais caractere, & que tout naturel puiſſe être tourné à bien: mais au ſurplus convaincue de la bonté de ſa méthode, je tâche d'y conformer en tout ma conduite dans le gouvernement de la famille. Ma premiere espérance est que des méchans ne seront pas sortis de mon sein ; la seconde est d'élever assés bien les enfans que Dieu m'a donnés, sous la direction de leur pere, pour qu'ils aient un jour le bonheur de lui ressembler. J'ai tâché pour cela de m'approprier les regles qu'il ma prescrittes, en leur donnant un principe moins philosophique & plus convenable à l'amour maternel; c'est de voir mes enfans heureux. Ce fut le premier vœu de mon cœur en portant le doux nom de mere, & tous les soins de mes jours sont destinés à l'accomplir. La premiere fois que je tins mon fils ainé dans mes bras, je songeai que l'enfance est presque un quart des plus longues vies, qu'on parvient rarement aux trois autres quarts, & que c'est une bien cruelle prudence de rendre cette premiere portion malheureuse pour assurer le bon-

bonheur du reste, qui peut-être ne viendra jamais. Je songeai que durant la foiblesse du premier âge, la nature assujetit les enfans de tant de manieres, qu'il est barbare d'ajoûter à cet assujetissement l'empire de nos caprices, en leur ôtant une liberté si bornée, & dont ils peuvent si peu abuser. Je résolus d'épargner au mien toute contrainte autant qu'il seroit possible, de lui laisser tout l'usage de ses petites forces, & de ne gêner en lui nul des mouvemens de la nature. J'ai déja gagné à cela deux grands avantages; l'un d'écarter de son ame naissante le mensonge, la vanité, la colere, l'envie, en un mot tous les vices qui naissent de l'esclavage, & qu'on est contraint de fomenter dans les enfans, pour obtenir d'eux ce qu'on en exige: l'autre de laisser fortifier librement son corps par l'exercice continuel que l'instinct lui demande. Accoutumé tout comme les paysans à cou-

rir tête nue au soleil, au froid, à s'essou-
fler, à se mettre en sueur, il s'endurcit
comme eux aux injures de l'air, & se
rend plus robuste en vivant plus content.
C'est le cas de songer à l'âge d'homme
& aux accidens de l'humanité. Je vous
l'ai déja dit, je crains cette pusillanimité
meurtriere qui, à force de délicatesse &
de soins, affoiblit, effemine un enfant, le
tourmente par une éternelle contrainte,
l'enchaîne par mille vaines précautions,
enfin l'expose pour toute sa vie aux pé-
rils inévitables dont elle veut le préser-
ver un moment, & pour lui sauver quelques rhumes dans son enfance, lui prépare de loin des fluxions de poitrine,
des pleuresies, des coups de soleil, & la
mort étant grand.

Ce qui donne aux enfans livrés à eux-
mêmes la plupart des défauts dont vous
parliez, c'est lorsque non contens de faire leur propre volonté, ils la font encore

faire

faire aux autres, & cela, par l'infenfée indulgence des meres à qui l'on ne complait qu'en fervant toutes les fantaifies de leur enfant. Mon ami, je me flate que vous n'avez rien vû dans les miens qui fentit l'empire & l'autorité, même avec le dernier domeftique, & que vous ne m'avez pas vû, non plus, applaudir en fecret aux fauffes complaifances qu'on a pour eux. C'eft ici que je crois fuivre une route nouvelle & fûre pour rendre à la fois un enfant libre, paifible, carreffant, docile, & cela par un moyen fort fimple, c'eft de le convaincre qu'il n'eft qu'un enfant.

A confidérer l'enfance en elle-même, y a-t-il au monde un être plus foible, plus miférable, plus à la merci de tout ce qui l'environne, qui ait fi grand befoin de pitié, d'amour, de protection qu'un enfant ? Ne femble-t-il pas que c'eft pour cela que les premieres voix

qui

qui lui font fuggérées par la nature font
les cris & les plaintes, qu'elle lui a donné une figure fi douce & un air fi touchant, afin que tout ce qui l'approche
s'intéreffe à fa foibleffe & s'empreffe à le
fecourir ? Qu'y a-t-il donc de plus cho-
quant, de plus contraire à l'ordre, que
de voir un enfant impérieux & mutin,
commander à tout ce qui l'entoure, prendre inpudemment un ton de maitre avec
ceux qui n'ont qu'à l'abandonner pour le
faire périr, & d'aveugles parens approu-
vant cette audace l'exercer à devenir le
tiran de fa nourrice, en attendant qu'il
devienne le leur.

Quant à moi je n'ai rien épargné pour
éloigner de mon fils la dangereufe image
de l'empire & de la fervitude, & pour
ne jamais lui donner lieu de penfer qu'il
fut plutôt fervi par devoir que par pitié.
Ce point eft, peut-être, le plus difficile
& le plus important de toute l'éducation,

&

& c'eft un détail qui ne finiroit point que celui de toutes les précautions qu'il m'a falu prendre, pour prévenir en lui cet inftinct fi prompt à diftinguer les fervices mercénaires des domeftiques, de la tendreffe des foins maternels.

L'un des principaux moyens que j'aye employés a été, comme je vous l'ai dit, de le bien convaincre de l'impoffibilité où le tient fon âge de vivre fans nôtre affiftance. Après quoi je n'ai pas eu peine à lui montrer que tous les fecours qu'on eft forcé de recevoir d'autrui font des actes de dépendance, que les do-meftiques ont une véritable fupériorité fur lui, en ce qu'il ne fauroit fe paffer d'eux, tandis qu'il ne leur eft bon à rien; de forte que, bien loin de tirer vanité de leurs fervices, il les reçoit avec une forte d'humiliation, comme un témoigna-ge de fa foibleffe, & il afpire ardemment au tems où il fera affés grand & affés fort pour avoir l'honneur de fe fervir lui-même.

Ces idées, ai-je dit, feroient difficiles à établir dans des maifons où le pere & la mere fe font fervir comme des enfans: Mais dans celle-ci où chacun, à commencer par vous, a fes fonctions à remplir, & où le rapport des valets aux maitres n'eft qu'un échange perpétuel de fervices & de foins, je ne crois pas cet établiffement impoffible. Cependant il me refte à concevoir comment des enfans accoutumés à voir prévenir leurs befoins n'étendent pas ce droit à leurs fantaifies, où comment ils ne fouffrent pas quelquefois de l'humeur d'un domeftique qui traittera de fantaifie un véritable befoin?

Mon ami, a repris Madame de Wolmar, une mere peu éclairée fe fait des monftres de tout. Les vrais befoins font très bornés dans les enfans comme dans

les

les hommes, & l'on doit plus regarder
à la durée du bien-être qu'au bien-être
d'un seul moment. Pensez-vous qu'un
enfant qui n'est point géné, puisse assés
souffrir de l'humeur de sa gouvernante
sous les yeux d'une mere, pour en être
incomodé? Vous supposez des inconvéniens qui naissent de vices déja contrac-
tés, sans songer que tous mes soins ont
été d'empêcher ces vices de naitre. Naturellement les femmes aiment les enfans. La mesintelligence ne s'éleve entre
eux que quand l'un veut assujetir l'autre
à ses caprices. Or cela ne peut arriver
ici, ni sur l'enfant, dont on n'éxi-
ge rien, ni sur la gouvernante à qui
l'enfant n'a rien à commander. J'ai
suivi en cela tout le contrepied des autres meres, qui font semblant de vouloir que l'enfant obéisse au domestique,
& veulent en effet que le domestique
obéisse à l'enfant. Personne ici ne com-

man-

mande ni n'obéit. Mais l'enfant n'obtient jamais de ceux qui l'approchent qu'autant de complaisance qu'il en a pour eux. Par là, sentant qu'il n'a sur tout ce qui l'environne d'autre autorité que celle de la bienveuillance, il se rend docile & complaisant ; en cherchant à s'attacher les cœurs des autres le sien s'attache à eux à son tour ; car on aime en se faisant aimer ; c'est l'infaillible effet de l'amour-propre, &, de cette affection réciproque, née de l'égalité, resultent sans effort les bonnes qualités qu'on prêche sans cesse à tous les enfans, sans jamais en obtenir aucune.

J'ai pensé que la partie la plus essentielle de l'éducation d'un enfant, celle dont il n'est jamais question dans les éducations les plus soignées, c'est de lui bien faire sentir sa misere, sa foiblesse, sa dépendance, &, comme vous a dit mon mari, le pesant joug de la nécessité que la nature impose à l'homme ; & cela,

non

non feulement afin qu'il foit fenfible à ce qu'on fait pour lui alleger ce joug, mais furtout afin qu'il connoiffe de bonne heure en quel rang l'a placé la providence, qu'il ne s'éleve point au deffus de fa portée, & que rien d'humain ne lui femble étranger à lui.

Induits dès leur naiffance par la moleffe dans laquelle ils font nourris, par les égards que tout le monde a pour eux, par la facilité d'obtenir tout ce qu'ils défirent, à penfer que tout doit ceder à leurs fantaifies, les jeunes gens entrent dans le monde avec cet impertinent préjugé, & fouvent ils ne s'en corrigent qu'à force d'humiliations, d'affronts & de déplaifirs; or je voudrois bien fauver à mon fils cette feconde & mortifiante éducation en lui donnant par la premiere une plus jufte opinion des chofes. J'avois d'abord réfolu de lui accorder tout ce qu'il demanderoit, perfuadée que les pre-

F 6

miers mouvemens de la nature font toujours bons & falutaires. Mais je n'ai
pas tardé de connoitre qu'en fe faifant un
droit d'être obéis les enfans fortoient de
l'état de nature prefque en naiffant,
& contractoient nos vices par notre
exemple, les leur par notre indifcre-
tion. J'ai vû que fi je voulois contenter toutes fes fantaifies, elles croi-
troient avec ma complaifance, qu'il y
auroit toujours un point où il faudroit
s'arrêter, & où le refus lui deviendroit
d'autant plus fenfible qu'il y feroit moins
accoutumé. Ne pouvant donc, en attendant la raifon lui fauver tout chagrin,
j'ai préféré le moindre & le plutôt paffé. Pour qu'un refus lui fut moins cruel
je l'ai plié d'abord au refus; & pour lui
épargner de longs déplaifirs, des lamen-
tations, des mutineries, j'ai rendu tout
refus irrévocable. Il eft vrai que j'en
fais le moins que je puis, & que j'y regarde

garde à deux fois avant que d'en venir
là. Tout ce qu'on lui accorde est accor-
dé sans condition dès la premiere demande, & l'on est très indulgent là-dessus:
mais il n'obtient jamais rien par importunité; les pleurs & les flateries sont également inutiles. Il en est si convaincu
qu'il a cessé de les employer; du premier
mot il prend son parti, & ne se tourmente pas plus de voir fermer un cornet
de bonbons qu'il voudroit manger, qu'en-
voler un oiseau qu'il voudroit tenir; car
il sent la même impossibilité d'avoir l'un
& l'autre. Il ne voit rien dans ce qu'on
lui ôte sinon qu'il ne l'a pu garder, ni
dans ce qu'on lui refuse, sinon qu'il n'a
pu l'obtenir, & loin de battre la table
contre laquelle il se blesse, il ne battroit
pas la personne qui lui resiste. Dans tout
ce qui le chagrine il sent l'empire de la
nécessité, l'effet de sa propre foiblesse,
jamais l'ouvrage du mauvais vouloir d'au-

F 7

trui

trui .... un moment! dit-elle un peu vivement, voyant que j'allois répondre; je preffens votre objection; j'y vais venir à l'inftant.

Ce qui nourrit les criailleries des enfans, c'eft l'attention qu'on y fait, foit pour leur ceder, foit pour les contrarier. Il ne leur faut quelquefois pour pleurer tout un jour, que s'appercevoir qu'on ne veut pas qu'ils pleurent. Qu'on les flate ou qu'on les menace, les moyens qu'on prend pour les faire taire font tous pernicieux & prefque toujours fans effet. Tant qu'on s'occupe de leurs pleurs, c'eft une raifon pour eux de les continuer; mais ils s'en corrigent bientôt quand ils voyent qu'on n'y prend pas garde; car grands & petits, nul n'aime à prendre une peine inutile. Voila précifément ce qui eft arrivé à mon ainé. C'étoit d'abord un petit criard qui étourdiffoit tout le monde, & vous êtes témoin

moin

moin qu'on ne l'entend pas plus à présent dans la maison que s'il n'y avoit point d'enfant. Il pleure quand il souffre; c'est la voix de la nature qu'il ne faut jamais contraindre; mais il se tait à l'instant qu'il ne souffre plus. Aussi faisje une très-grande attention à ses pleurs, bien sûre qu'il n'en verse jamais en vain. Je gagne à cela de savoir à point nommé quand il sent de la douleur & quand il n'en sent pas, quand il se porte bien & quand il est malade; avantage qu'on perd avec ceux qui pleurent par fantaisie, & seulement pour se faire appaiser. Au reste, j'avoue que ce point n'est pas facile à obtenir des Nourrices & des gouvernantes: car comme rien n'est plus ennuyeux que d'entendre toujours lamenter un enfant, & que ces bonnes femmes ne voyent jamais que l'instant présent, elles ne songent pas qu'à faire taire l'enfant aujourd'hui il en pleurera demain davantage.

tage. Le pis eſt que l'obſtination qu'il contracte tire à conſéquence dans un âge avancé. La même cauſe qui le rend criard à trois ans, le rend mutin à douze, querelleur à vingt, impérieux à trente, & inſuportable toute ſa vie.

Je viens maintenant à vous; me dit-elle en ſouriant. Dans tout ce qu'on accorde aux enfans, ils voyent aiſément le déſir de leur complaire; dans tout ce qu'on en exige ou qu'on leur refuſe, ils doivent ſuppoſer des raiſons ſans les demander. C'eſt un autre avantage qu'on gagne à uſer avec eux d'autorité plutôt que de perſuaſion dans les occaſions néceſſaires : car comme il n'eſt pas poſſible qu'ils n'apperçoivent quelquefois la raiſon qu'on a d'en uſer ainſi, il eſt naturel qu'ils la ſuppoſent encore quand ils ſont hors d'état de la voir. Au contraire, dès qu'on a ſoumis quelque choſe à leur jugement, ils prétendent juger de tout, ils devien-

nent

nent sophistes, subtils, de mauvaise foi, féconds en chicanes, cherchant toujours à réduire au silence ceux qui ont la foiblesse de s'exposer à leurs petites lumieres. Quand on est contraint de leur rendre compte des choses qu'ils ne sont point en état d'entendre, ils attribuent au caprice la conduite la plus prudente, sitôt qu'elle est au dessus de leur portée. En un mot, le seul moyen de les rendre dociles à la raison n'est pas de raisonner avec eux, mais de les bien convaincre que la raison est au dessus de leur âge: car alors ils la supposent du côté où elle doit être, à moins qu'on ne leur donne un juste sujet de penser autrement. Ils savent bien qu'on ne veut pas les tourmenter quand ils sont sûrs qu'on les aime, & les enfans se trompent rarement là-dessus. Quand donc je refuse quelque chose aux miens, je n'argumente point avec eux, je ne leur dis point pourquoi je ne veux

pas,

pas, mais je fais en forte qu'ils le voyent, autant qu'il eft poffible, & quelquefois après coup. De cette maniere ils s'accoutument à comprendre que jamais je ne les refufe fans en avoir une bonne raifon, quoiqu'ils ne l'apperçoivent pas toujours.

Fondée fur le même principe, je ne fouffrirai pas, non plus, que mes enfans fe mêlent dans la converfation des gens raifonnables, & s'imaginent fotement y tenir leur rang comme les autres quand on y fouffre leur babil indifcret. Je veux qu'ils répondent modeftement & en peu de mots quand on les interroge fans jamais parler de leur chef, & furtout fans qu'ils s'ingerent à queftionner hors de propos les gens plus âgés qu'eux, aux-quels ils doivent du refpect.

En vérité, Julie, dis je en l'interrompant, voila bien de la rigueur pour une mere auffi tendre! Pitagore n'étoit pas
plus

plus fevere à fes difciples que vous l'êtes aux votres. Non feulement vous ne les traittez pas en hommes, mais on diroit que vous craignez de les voir ceffer trop tôt d'être enfans. Quel moyen plus agréable & plus fûr peuvent-ils avoir de s'inftruire, que d'interroger fur les chofes qu'ils ignorent les gens plus éclairés qu'eux? Que penferoient de vos maximes les Dames de Paris, qui trouvent que leurs enfans ne jafent jamais affés tôt ni affés longtems, & qui jugent de l'efprit qu'ils auront étant grands par les fotifes qu'ils débitent étant jeunes? Wolmar me dira que cela peut être bon dans un pays où le premier mérite eft de bien babiller, & où l'on eft difpenfé de penfer pourvu qu'on parle. Mais vous qui voulez faire à vos enfans un fort fi doux, comment accorderez-vous tant de bonheur avec tant de contrainte, & que devient, parmi toute cette gêne, la liberté té que vous prétendez leur laisser?

Quoi donc? a-t-elle repris à l'instant: est-ce gêner leur liberté que de les empêcher d'attenter à la notre, & ne sauroient-ils être heureux à moins que toute une compagnie en silence n'admire leurs puérilités? Empêchons leur vanité de naitre, ou du moins arrêtons en les progrès; c'est là vraiment travailler à leur félicité: Car la vanité de l'homme est la source de ses plus grandes peines, & il n'y a personne de si parfait & de si fêté, à qui elle ne donne encore plus de chagrins que de plaisirs (*).

Que peut penser un enfant de lui-même, quand il voit autour de lui tout un cercle de gens sensés l'écouter, l'agacer, l'admirer, attendre avec un lâche empressement

______

(*) Si jamais la vanité fit quelque heureux sur la terre, à coup sûr cet heureux-là n'étoit qu'un sot.

fement les oracles qui fortent de fa bouche, & fe récrier avec des retentiffemens
de joye à chaque impertinence qu'il dit?
La tête d'un homme auroit bien de la peine à tenir à tous ces faux applaudiffemens
jugez de ce que deviendra la fienne! Il
en eft du babil des enfans comme des
prédictions des Almanacs. Ce feroit un
prodige fi fur tant de vaines paroles, le
hazard ne fourniffoit jamais une rencontre heureufe. Imaginez ce que font a-
lors les exclamations de la flaterie fur u-
ne pauvre mere déja trop abufée par fon
propre cœur, & fur un enfant qui ne
fait ce qu'il dit & fe voit célébrer! Ne
penfez pas que pour démêler l'erreur, je
m'en garantiffe. Non, je vois la faute,
& j'y tombe. Mais fi j'admire les re-
parties de mon fils, au moins je les admire en fecret; il n'apprend point en me
les voyant applaudir à devenir babillard
& vain, & les flateurs en me les faifant

ré-

répeter n'ont pas le plaiſir de rire de ma foibleſſe.

Un jour qu'il nous étoit venu du monde, étant allé donner quelques ordres, je vis en rentrant quatre ou cinq grands nigauds occupés à jouer avec lui, & s'apprêtant à me raconter d'un air d'emphaſe je ne ſais combien de gentilleſſes qu'ils venoient d'entendre, & dont ils ſembloient tout émerveillés. Meſſieurs, leur dis - je aſſés froidement, je ne doute pas que vous ne ſachiez faire dire à des marionetes de fort jolies choſes : mais j'eſpere qu'un jour mes enfans feront hommes, qu'ils agiront & parleront d'eux - mêmes, & alors j'apprendrai toujours dans la joye de mon cœur tout ce qu'ils auront dit & fait de bien. Depuis qu'on a vu que cette maniere de faire ſa cour ne prenoit pas, on joue avec mes enfans comme avec des enfans, non comme avec Polichinelle ; il ne leur vient plus de compe-

re,

re, & ils en valent fenfiblement mieux depuis qu'on ne les admire plus.

A l'égard des queftions, on ne les leur défend pas indiftinctement. Je fuis la premiere à leur dire de demander doucement en particulier à leur pere ou à moi tout ce qu'ils ont befoin de favoir. Mais je ne fouffre pas qu'ils coupent un entretien férieux pour occuper tout le monde de la premiere impertinence qui leur paffe par la tête. L'art d'interroger n'eft pas fi facile qu'on penfe. C'eft bien plus l'art des maitres que des difciples; il faut avoir déja beaucoup appris de chofes pour favoir demander ce qu'on ne fait pas. Le favant fait & s'enquiert, dit un proverbe Indien; mais l'ignorant ne fait pas même dequoi s'enquérir. (*) Faute de cette fcience préliminaire les enfans en liberté

(*) Ce proverbe eft tiré de Chardin. Tome 5. p. 170. in 12.

berté ne font presque jamais que des questions ineptes qui ne servent à rien, ou profondes & scabreuses dont la solution passe leur portée, & puisqu'il ne faut pas qu'ils sachent tout, il importe qu'ils n'aient pas le droit de tout demander. Voila pourquoi, généralement parlant, ils s'instruisent mieux par les interrogations qu'on leur fait que par celles qu'ils font eux-mêmes.

Quand cette méthode leur seroit aussi utile qu'on croit, la premiere & la plus importante science qui leur convient, n'est-elle pas d'être discrets & modestes, & y en a-t-il quelque autre qu'ils doivent apprendre au préjudice de celle-là? Que produit donc dans les enfans cette émancipation de parole avant l'âge de parler, & ce droit de soumettre effrontément les hommes à leur interrogatoire? De petits questionneurs babillards, qui questionnent moins pour s'in-

struire

ftruire que pour importuner, pour occuper d'eux tout le monde, & qui prennent encore plus de goût à ce babil par l'embarras où ils s'apperçoivent que jettent quelquefois leurs queftions indifcretes, en forte que chacun eft inquiet auffi-tôt qu'ils ouvrent la bouche. Ce n'eft pas tant un moyen de les inftruire que de les rendre étourdis & vains; inconvénient plus grand à mon avis que l'avantage qu'ils acquiérent par là n'eft utile; car par dégrés l'ignorance diminue, mais la vanité ne fait jamais qu'augmenter.

Le pis qui put arriver de cette réferve trop prolongée feroit que mon fils en âge de raifon eut la converfation moins légere, le propos moins vif & moins abondant, & en confidérant combien cette habitude de paffer fa vie à dire des riens retrécit l'efprit, je regarderois plutôt cette heureufe ftérilité comme un bien que comme un mal. Les gens oififs toujours ennuyés d'eux mêmes s'efforcent de donner un grand prix à l'art de les amuser, & l'on diroit que le favoir vivre confifte à ne dire que de vaines paroles, comme à ne faire que des dons inutiles: mais la fociété humaine a un objet plus noble & fes vrais plaifirs ont plus de folidité. L'organe de la vérité, le plus digne organe de l'homme, le feul dont l'ufage le diftingue des animaux, ne lui a point été donné pour n'en pas tirer un meilleur parti qu'ils ne font de leurs cris. Il fe dégrade au deffous d'eux quand il parle pour ne rien dire, & l'homme doit être homme jufques dans fes délaffemens. S'il y a de la politeffe à étourdir tout le monde d'un vain caquet, j'en trouve une bien plus véritable à laiffer parler les autres par préférence, à faire plus grand cas de ce qu'ils difent que de ce qu'on diroit foi-même, & à montrer qu'on les eftime trop pour croire les amufer

mufer par des niaiseries. Le bon usage du monde, celui qui nous y fait le plus rechercher & chérir n'est pas tant d'y briller que d'y faire briller les autres, & de mettre, à force de modestie leur orgueil plus en liberté. Ne craignons pas qu'un homme d'esprit qui ne s'abstient de parler que par retenue & discretion, puisse jamais passer pour un sot. Dans quelque pays que ce puisse être il n'est pas possible qu'on juge un homme sur ce qu'il n'a pas dit, & qu'on le méprise pour s'être tu. Au contraire on remarque en général que les gens silencieux en imposent, qu'on s'ecoute devant eux, & qu'on leur donne beaucoup d'attention quand ils parlent; ce qui, leur laissant le choix des occasions & faisant qu'on ne perd rien de ce qu'ils disent, met tout l'avantage de leur côté. Il est si difficile à l'homme le plus sage de garder toute sa présence d'esprit dans un long flux de pa-

roles, il est si rare qu'il ne lui échape des
choses dont il se repent à loisir, qu'il aime mieux retenir le bon que risquer le
mauvais. Enfin, quand ce n'est pas faute d'esprit qu'il se tait, s'il ne parle pas,
quelque discret qu'il puisse être, le tort
en est à ceux qui sont avec lui.

Mais il y a bien loin de six ans à
vingt; mon fils ne sera pas toujours enfant, & à mesure que sa raison commen-
cera de naître, l'intention de son pere est
bien de la laisser exercer. Quant à moi,
ma mission ne va pas jusques là. Je
nourris des enfans & n'ai pas la pré-
somption de vouloir former des hommes.
J'espere, dit-elle en regardant son mari,
que de plus dignes mains se chargeront
de ce noble emploi. Je suis femme &
mere, je sais me tenir à mon rang. Encore une fois, la fonction dont je suis
chargée n'est pas d'elever mes fils, mais
de les préparer pour être élevés.

Je

Je ne fais même en cela que suivre de point en point le sistême de M. de Wolmar, & plus j'avance, plus j'éprouve combien il est excellent & juste, & combien il s'accorde avec le mien. Considérez mes enfans & surtout l'aîné ; en connoissez - vous de plus heureux sur la terre, de plus gais, de moins importuns ? Vous les voyez sauter, rire, courir toute la journée sans jamais incomoder personne. De quels plaisirs, de quelle indépendance leur âge est-il susceptible, dont ils ne jouïssent pas ou dont ils abusent ? Ils se contraignent aussi peu devant moi qu'en mon absence. Au contraire, sous les yeux de leur mere ils ont toujours un peu plus de confiance, & quoique je sois l'auteur de toute la sévérité qu'ils éprouvent, ils me trouvent toujours la moins sévére: car je ne pourrois supporter de n'être pas ce qu'ils aiment le plus au monde.

Les

Les seules loix qu'on leur impose auprès de nous sont celles de la liberté même, savoir de ne pas plus gêner la compagnie qu'elle ne les gêne, de ne pas crier plus haut qu'on ne parle, & comme on ne les oblige point de s'occuper de nous, je ne veux pas, non plus, qu'ils prétendent nous occuper d'eux. Quand ils manquent à de si justes loix, toute leur peine est d'être à l'instant renvoyés, & tout mon art pour que c'en soit une, de faire qu'ils ne se trouvent nulle part aussi bien qu'ici. A cela près, on ne les assujetit à rien; on ne les force jamais de rien apprendre; on ne les ennuye point de vaines corrections; jamais on ne les reprend; les seules leçons qu'ils reçoivent sont des leçons de pratique prises dans la simplicité de la nature. Chacun bien instruit là-dessus se conforme à mes intentions avec une intelligence & un soin qui ne me laissent rien à
dési-

défirer, & fi quelque faute eft à craindre, mon affiduité la prévient ou la répare aifément.

Hier, par exemple, l'aîné ayant ôté un tambour au cadet, l'avoit fait pleurer. Fanchon ne dit rien, mais une heure après, au moment que le raviffeur du tambour en étoit le plus occupé, elle le lui reprit; il la fuivoit en le redemandant, & pleurant à fon tour. Elle lui dit; vous l'avez pris par force à votre frere; je vous le reprends de même; qu'avez-vous à dire? Ne fuis-je pas la plus forte? Puis elle fe mit à battre la caiffe à fon imitation, comme fi elle y eut pris beaucoup de plaifir. Jufques là tout étoit à merveilles. Mais quelque tems après elle voulut rendre le tambour au cadet, alors je l'arrêtai; car ce n'étoit plus la leçon de la nature, & de là pouvoit naître un premier germe d'envie entre les deux freres. En perdant le tambour le

ca-

cadet fupporta la dure loi de la néceffité, l'aîné fentit fon injuftice, tous deux connurent leur foibleffe & furent confolés le moment d'après.

Un plan fi nouveau & fi contraire aux idées reçues m'avoit d'abord effarouché. A force de me l'expliquer ils m'en rendirent enfin l'admirateur, & je fentis que pour guider l'homme, la marche de la nature eft toujours la meilleure. Le feul inconvénient que je trouvois à cette méthode, & cet inconvénient me parut fort grand, c'étoit de négliger dans les enfans la feule faculté qu'ils ayent dans toute fa vigueur & qui ne fait que s'affoiblir en avançant en âge. Il me fembloit que felon leur propre fiftême, plus les opérations de l'entendement étoient foibles infuffifantes, plus on devoit exercer & fortifier la mémoire, fi propre alors à foutenir le travail. C'eft-elle, difois-je qui doit fuppléer à la raifon jufqu'à fa naiffance,

fance, & l'enrichir quand elle eſt née.
Un eſprit qu'on n'exerce à rien devient
lourd & peſant dans l'inaction. La ſe-
mence ne prend point dans un champ
mal préparé, & c'eſt une étrange prépa-
ration pour apprendre à devenir raiſona-
ble que de commencer par être ſtupide.
Comment, ſtupide! s'eſt écriée auſſi-tôt
Mad^e. de Wolmar. Confondriez - vous
deux qualités auſſi différentes & preſque
auſſi contraires que la mémoire & le jugement (*)? Comme ſi la quantité des
choſes mal digérées & ſans liaiſon dont
on remplit une tête encore foible, n'y
faiſoit pas plus de tort que de profit à
la raiſon! J'avoue que de toutes les facultés de l'homme, la mémoire eſt la

pre-

______

(*) Cela ne me paroît pas bien vû. Rien
n'eſt ſi néceſſaire au jugement que la mémoire :
il eſt vrai que ce n'eſt pas la mémoire des
mots.

G 5

premiere qui se dévelope & la plus comode à cultiver dans les enfans: mais à votre avis lequel est à préférer de ce qu'il leur est le plus aisé d'apprendre, ou de ce qu'il leur importe le plus de savoir?

Regardez à l'usage qu'on fait en eux de cette facilité, à la violence qu'il faut leur faire, à l'éternelle contrainte où il les faut assujetir pour mettre en étalage leur mémoire, & comparez l'utilité qu'ils en retirent au mal qu'on leur fait souffrir pour cela. Quoi! Forcer un enfant d'étudier des langues qu'il ne parlera jamais, même avant qu'il ait bien appris la sienne; lui faire incessamment répéter & construire des vers qu'il n'entend point, & dont toute l'harmonie n'est pour lui qu'au bout de ses doigts; embrouiller son esprit de cercles & de spheres dont il n'a pas la moindre idée; l'accabler de mille noms de villes & de rivieres qu'il con-

fond

fond fans ceffe & qu'il rapprend tous les jours; eft-ce cultiver fa mémoire au profit de fon jugement, & tout ce frivole acquis vaut-il une feule des larmes qu'il lui coûte?

Si tout cela n'étoit qu'inutile, je m'en plaindrois moins; mais n'eft-ce rien que d'inftruire un enfant à fe payer de mots, & à croire favoir ce qu'il ne peut comprendre? fe pourroit-il qu'un tel amas ne nuifit point aux premieres idées dont on doit meubler une tête humaine, & ne vaudroit-il pas mieux n'avoir point de mémoire, que de la remplir de tout ce fatras au préjudice des connoiffances néceffaires dont il tient la place?

Non, fi la nature a donné au cerveau des enfans cette foupleffe qui le rend propre à recevoir toutes fortes d'impreffions, ce n'eft pas pour qu'on y grave des noms de Rois, des dates, des termes de blazon, de fphere, de géogra-

phie,

phie, & tous ces mots sans aucun sens pour leur âge & sans aucune utilité pour quelque âge que ce soit dont on accable leur triste & stérile enfance ; mais c'est pour que toutes les idées rélatives à l'état de l'homme, toutes celles qui se raportent à son bonheur & l'éclairent sur ses devoirs s'y tracent de bonne heure en caracteres inéfacables, & lui servent à se conduire pendant sa vie d'une maniere convenable à son être & à ses facultés.

Sans étudier dans les livres, la mémoire d'un enfant ne reste pas pour cela oisive : tout ce qu'il voit, tout ce qu'il entend le frape, & il s'en souvient ; il tient régistre en lui-même des actions des discours des hommes, & tout ce qui l'environne est le livre dans lequel sans y songer il enrichit continuellement sa mémoire, en attendant que son jugement puisse en profiter. C'est dans le choix de ces objets, c'est dans le soin de lui pré-

sen-

senter sans ceſſe ceux qu'il doit connoitre & de lui cacher ceux qu'il doit ignorer que conſiſte le veritable art de cultiver la premiere de ſes facultés , & c'eſt par là qu'il faut tâcher de lui former un magazin de connoiſſances qui ſerve à ſon éducation durant la jeuneſſe, & à ſa conduite dans tous les tems. Cette méthode, il eſt vrai, ne forme point de petits prodiges, & ne fait pas briller les gouvernantes & les précepteurs ; mais elle forme des hommes judicieux, robuſtes, ſains de corps & d'entendement, qui, ſans s'être fait admirer étant jeunes, ſe font honorer étant grands.

Ne penſez pas, pourtant, continua Julie, qu'on néglige ici tout à fait ces ſoins dont vous faites un ſi grand cas. Une mere un peu vigilante tient dans ſes mains les paſſions de ſes enfans. Il y a des moyens pour exciter & nourrir en eux le déſir d'apprendre ou de faire tel-

G 7

le

le ou telle chofe ; & autant que ces moyens peuvent fe concilier avec la plus
entiere liberté de l'enfant & n'engendrent
en lui nulle femence de vice, je les employe affés volontiers, fans m'opiniâtrer
quand le fuccès n'y répond pas ; car il
aura toujours le tems d'apprendre, mais
il n'y a pas un moment à perdre pour
lui former un bon naturel ; & M. de
Wolmar a une telle idée du premier dé-
velopement de la raifon, qu'il foutient
que quand fon fils ne fauroit rien à douze ans, il n'en feroit pas moins inftruit
à quinze ; fans compter que rien n'eft
moins néceffaire que d'être favant, &
rien plus que d'être fage & bon.

Vous favez que notre aîné lit déja paf-
fablement. Voici comment lui eft venu
le goût d'apprendre à lire. J'avois deffein de lui dire de tems en tems quelque
fable de la Fontaine pour l'amufer, & j'a-
vois déja commencé, quand il me demanda

manda si les corbeaux parloient? A l'instant je vis la difficulté de lui faire sentir
bien nettement la différence de l'apologue
au mensonge, je me tirai d'affaire comme
je pus, & convaincue que les fables sont
faites pour les hommes, mais qu'il faut
toujours dire la vérité nue aux enfans, je
supprimai la Fontaine. Je lui substituai
un recueil de petites histoires interressan-
tes & instructives, la plupart tirées de la
bible ; puis voyant que l'enfant prenoit
goût à mes contes, j'imaginai de les lui
rendre encore plus utiles, en essayant d'en
composer moi-même d'aussi amusans qu'il
me fut possible, & les appropriant toujours au besoin du moment. Je les écri-
vois à mesure, dans un beau livre orné
d'images, que je tenois bien enfermé, &
dont je lui lisois de tems en tems quelques contes, rarement, peu longtems,
& répétant souvent les mêmes avec des
commentaires, avant de passer à de nouveaux.

veaux. Un enfant oisif est sujet à l'ennui; les petits contes servoient de ressour-
ce; mais quand je le voyois le plus avidement attentif, je me souvenois quel-
quesfois d'un ordre à donner, & je le
quittois à l'endroit le plus intéressant en
laissant négligemment le livre. Aussi-tôt
il alloit prier sa Bonne ou Fanchon ou
quelqu'un d'achever la lecture: mais comme il n'a rien à commander à personne
& qu'on étoit prévenu, l'on n'obéissoit
pas toujours. L'un refusoit, l'autre avoit
à faire, l'autre balbutioit lentement &
mal, l'autre laissoit à mon exemple un
conte à moitié. Quand on le vit bien
ennuyé de tant de dépendance, quelqu'un
lui suggéra secretement d'apprendre à lire, pour s'en délivrer & feuilleter le livre à son aise. Il goûta ce projet. Il
falut trouver des gens assés complaisans
pour vouloir lui donner leçon; nouvelle difficulté qu'on n'a poussée qu'aussi

loin

loin qu'il faloit. Malgré toutes ces précautions, il s'eft laffé trois ou quatre fois; on l'a laiffé faire. Seulement je me fuis efforcée de rendre les contes encore plus amufans, & il eft revenu à la charge avec tant d'ardeur que quoiqu'il n'y ait pas fix mois qu'il a tout de bon commencé d'apprendre, il fera bientôt en état de lire feul le recueil.

C'eft à peu près ainfi que je tâcherai d'exciter fon zele & fa bonne volonté pour acquérir les connoiffances qui demandent de la fuite & de l'applicatioin, & qui peuvent convenir à fon âge; mais quoi qu'il apprenne à lire, ce n'eft point des livres qu'il tirera ces connoiffances; car elles ne s'y trouvent point, & la lecture ne convient en aucune maniere aux enfans. Je veux auffi l'habituer de bonne heure à nourrir fa tête d'idées & non de mots; c'eft pourquoi je ne lui fais jamais rien apprendre par cœur.

Ja-

Jamais? Interrompis-je : C'eſt beaucoup dire ; car encore faut-il bien qu'il ſache ſon catéchisme & ſes prieres. C'eſt ce qui vous trompe, reprit-elle. A l'egard de la priere, tous les matins & tous les ſoirs je fais la mienne à haute voix dans la chambre de mes enfans, & c'eſt aſſés pour qu'ils l'apprennent fans qu'on les y oblige: quant au catéchisme, ils ne ſavent ce que c'eſt. Quoi, Julie! vos enfans n'apprennent pas leur catéchisme? Non, mon ami; mes enfans n'apprennent pas leur catéchisme. Comment! ai-je dit tout étonné, une mere ſi pieuſe! .... je ne vous comprends point. Et pourquoi vos enfans n'apprennent-ils pas leur catéchisme? Afin qu'ils le croyent un jour, dit-elle, j'en veux faire un jour des Chrétiens. Ah, j'y ſuis! m'écriai-je; vous ne voulez pas que leur foi ne ſoit qu'en paroles, ni qu'ils ſachent ſeulement leur Religion, mais qu'ils la croyent, &

vous

vous penſez avec raiſon qu'il eſt impoſſible à l'homme de croire ce qu'il n'entend point. Vous êtes bien difficile, me
dit en ſouriant M. de Wolmar ; ſeriez-
vous Chrétien, par hazard ? Je m'efforce
de l'être, lui dis-je avec fermeté. Je crois
de la Religion tout ce que j'en puis comprendre, & reſpecte le reſte ſans le rejetter. Julie me fit un ſigne d'approba-
tion, & nous reprimes le ſujet de notre entretien.

Après être entrée dans d'autres détails
qui m'ont fait concevoir combien le zele
maternel eſt actif infatigable & prévo-
yant, elle a conclu, en obſervant que ſa
méthode ſe rapportoit exactement aux
deux objets qu'elle s'étoit propoſés, ſavoir de laiſſer déveloper le naturel des
enfans, & de l'étudier. Les miens ne
ſont gênés en rien, dit-elle, & ne ſau-
roient abuſer de leur liberté ; leur caractere ne peut ni ſe dépraver ni ſe con-

train-

traindre; on laiſſe en paix renforcer leur corps & germer leur jugement; l'eſclava-ge n'avilit point leur ame, les regards d'autrui ne font point fermenter leur a-mour-propre, ils ne ſe croyent ni des hommes puiſſans ni des animaux enchaî-nés, mais des enfans heureux & libres. Pour les garantir des vices qui ne ſont pas en eux, ils ont, ce me ſemble, un préſervatif plus fort que des diſcours qu'ils n'entendroient point, ou dont ils ſeroient bientôt ennuyés. C'eſt l'exemple des mœurs de tout ce qui les environne; Ce ſont les entretiens qu'ils entendent, qui ſont ici naturels à tout le monde & qu'on n'a pas beſoin de compoſer exprès pour eux; c'eſt la paix & l'union dont ils ſont témoins; c'eſt l'accord qu'ils vo-yent regner ſans ceſſe & dans la condui-te reſpective de tous, & dans la condui-te & les diſcours de chacun.

Nourris encore dans leur premiere ſim-pli-

plicité, d'où leur viendroient des vices dont ils n'ont point vû d'exemple, des paſſions qu'ils n'ont nulle occaſion de ſentir, des préjugés que rien ne leur inſpire? Vous voyez qu'aucune erreur ne les gagne, qu'aucun mauvais penchant ne ſe montre en eux. Leur ignorance n'eſt point entêtée, leurs déſirs ne ſont point obſtinés; les inclinations au mal ſont prévenues, la nature eſt juſtifiée, & tout me prouve que les défauts dont nous l'accuſons ne ſont point ſon ouvrage mais le notre.

C'eſt ainſi que livrés au penchant de leur cœur, ſans que rien le déguiſe ou l'altere, nos enfans ne reçoivent point une forme extérieure & artificielle, mais conſervent exactement celle de leur caractere originel : c'eſt ainſi que ce caractere ſe dévelope journellement à nos yeux ſans réſerve, & que nous pouvons étudier les mouvemens de la nature juſ-ques

ques dans leurs principes les plus secrets. Sûrs de n'être jamais ni grondés
ni punis, ils ne savent ni mentir, ni se
cacher, & dans tout ce qu'ils disent soit
entre eux soit à nous, ils laissent voir
sans contrainte tout ce qu'ils ont au fond
de l'ame. Libres de babiller entre eux
toute la journée, ils ne songent pas même à se gêner un moment devant moi.
Je ne les reprends jamais, ni ne les fais
taire, ni ne feins de les écouter, & ils
diroient les choses du monde les plus
blamâbles que je ne ferois pas semblant
d'en rien savoir: mais en effet, je les é-
coute avec la plus grande attention sans
qu'ils s'en doutent; je tiens un régistre
exact de ce qu'ils font & de ce qu'ils disent; ce sont les productions naturelles du
fond qu'il faut cultiver. Un propos vi-
cieux dans leur bouche est une herbe é-
trangere dont le vent apporta la graine;
si je la coupe par une réprimande, bientôt

elle

elle repouſſera: au lieu de cela j'en cherche en ſecret la racine, & j'ai ſoin de l'ar-
racher. Je ne ſuis, m'a-t-elle dit en riant,
que la ſervante du Jardinier; je ſarcle le
jardin, j'en ôte la mauvaiſe herbe, c'eſt
à lui de cultiver la bonne.

Convenons auſſi qu'avec toute la peine
que j'aurois pu prendre, il faloit être
auſſi bien ſecondée pour eſpérer de réuſ-
ſir, & que le ſuccès de mes ſoins dépendoit d'un concours de circonſtances
qui ne s'eſt peut-être jamais trouvé qu'i-
ci. Il faloit les lumieres d'un pere éclairé, pour démêler à travers les préjugés
établis le véritable art de gouverner les
enfans dès leur naiſſance; il faloit toute
ſa patience pour ſe prêter à l'exécution,
ſans jamais démentir ſes leçons par ſa
conduite; il faloit des enfans bien nés
en qui la nature eut aſſés fait pour
qu'on put aimer ſon ſeul ouvrage; il
faloit n'avoir autour de ſoi que des do-
meſti-

meſtiques intelligens & bien intentionnés, qui ne ſe laſſaſſent point d'entrer dans les vues des maitres; un ſeul valet brutal ou flateur eut ſuffi pour tout gâter. En vérité, quand on ſonge combien de cauſes étrangeres peuvent nuire aux meilleurs deſſeins & renverſer les projets les mieux concertés, on doit remercier la fortune de tout ce qu'on fait de bien dans la vie, & dire que la ſageſſe dépend beaucoup du bonheur.

Dites, me ſuis-je écrié, que le bonheur dépend encore plus de la ſageſſe! Ne voyez-vous pas que ce concours dont vous vous félicitez eſt votre ouvrage, & que tout ce qui vous approche eſt contraint de vous reſſembler? Meres de famille! Quand vous vous plaignez de n'être pas ſecondées, que vous connoiſſez mal votre pouvoir! ſoyez tout ce que vous devez être, vous ſurmonterez tous les obſtacles; vous forcerez chacun de remplir ſes devoirs

voirs si vous remplissez bien tous les votres. Vos droits ne sont-ils pas ceux de
la nature ? Malgré les maximes du vice,
ils seront toujours chers au cœur humain.
Ah veuillez être femmes & meres, & le
plus doux empire qui soit sur la terre sera aussi le plus respecté !

En achevant cette conversation, Julie
a remarqué que tout prenoit une nouvelle facilité depuis l'arrivée d'Henriette. Il
est certain, dit-elle, que j'aurois besoin
de beaucoup moins de soins & d'addresse, si je voulois introduire l'émulation entre les deux freres ; mais ce moyen me
paroit trop dangereux ; j'aime mieux a-
voir plus de peine & ne rien risquer.
Henriette supplée à cela ; comme elle est
d'un autre sexe, leur aînée, qu'ils l'aiment tous deux à la folie, & qu'elle a
du sens au dessus de son âge, j'en fais
en quelque sorte leur premiere gouvernante, & avec d'autant plus de succès

que fes leçons leur font moins fufpectes.

Quant à elle, fon éducation me regarde; mais les principes en font fi différens qu'ils méritent un entretien à part.
Au moins puis-je bien dire d'avance qu'il
fera difficile d'ajoûter en elle aux dons
de la nature, & qu'elle vaudra fa mere
elle-même, fi quelqu'un au monde la peut
valoir.

Milord, on vous attend de jour en
jour, & ce devroit être ici ma derniere
Lettre. Mais je comprends ce qui prolonge votre féjour à l'armée, & j'en frémis. Julie n'en eft pas moins inquiete;
elle vous prie de nous donner plus fouvent de vos nouvelles, & vous conjure
de fonger en expofant votre perfonne,
combien vous prodiguez le repos de vos
amis. Pour moi, je n'ai rien à vous dire. Faites votre devoir; un confeil timide ne peut non plus fortir de mon
cœur qu'approcher du vôtre. Cher Bomston,

ſton , je le ſais trop ; la ſeule mort
digne de ta vie ſeroit de verſer ton ſang
pour la gloire de ton pays ; mais ne
dois-tu nul compte de tes jours à celui qui n'a conſervé les ſiens que pour
ſoi ?

LETTRE IV.

De Milord Edouard.

JE vois par vos deux dernieres lettres qu'il m'en manque une antérieure à ces deux-là, apparemment la premiere que vous m'ayez écrite à l'armée, & dans laquelle étoit l'explication des chagrins secrets de Madame de Wolmar. Je n'ai point reçu cette Lettre, & je conjecture qu'elle pouvoit être dans la malle d'un Courir qui nous a été enlevé. Répétez-moi donc, mon ami, ce qu'elle contenoit ; ma raison s'y perd & mon cœur s'en inquiete : Car encore une fois, si le bonheur & la paix ne sont pas dans l'ame de Julie, où sera leur azile ici bas ?

Rassurez-la sur les risques auxquels elle me croit exposé ; nous avons à faire à un en-

ennemi trop habile pour nous en laisser courir. Avec une poignée de monde, il rend toutes nos forces inutiles, & nous ôte par tout les moyens de l'attaquer. Cependant, comme nous sommes confians, nous pourrions bien lever des difficultés insurmontables, pour de meilleurs Généraux & forcer à la fin les François de nous battre. J'augure que nous payerons cher nos premiers succès, & que la bataille gagnée à Dettingue nous en fera perdre une en Flandres. Nous avons en tête un grand Capitaine; ce n'est pas tout; il a la confiance de ses trouppes, & le soldat françois qui compte sur son Général est invincible. Au contraire, on en a si bon marché quand il est commandé par des Courtisans qu'il méprise, & cela arrive si souvent, qu'il ne faut qu'attendre les intrigues de Cour & l'occasion, pour vaincre à coup sûr la plus brave nation du continent. Ils le savent fort bien eux-

H 3

mê-

mêmes. Milord Marlboroug voyant la bonne mine & l'air guerrier d'un soldat pris à Blenheim (*), lui dit; s'il y eut eu cinquante mille hommes comme toi à l'armée françoise, elle ne fe fut pas ainfi laiffé battre. Eh morbleu ! repartit le grenadier, nous avions affés d'hommes comme moi ; il ne nous en manquoit qu'un comme vous. Or cet homme comme lui commande à préfent l'armée de France & manque à la notre; mais nous ne fongeons guere à cela.

Quoiqu'il en foit, je veux voir les manœuvres du refte de cette campagne, & j'ai réfolu de refter à l'armée jufqu'à ce qu'elle entre en quartiers. Nous gagnerons tous à ce delai. La faifon étant trop avancée pour traverfer les monts, nous pafferons l'hiver où vous êtes, & n'i-

(*) C'eft le nom que les Anglois donnent à la bataille d'Hochftet.

n'irons en Italie qu'au commencement du Printems. Dites à M. & Mad^e. de Wolmar que je fais ce nouvel arrangement pour jouïr à mon aife du touchant fpectacle que vous décrivez fi bien, & pour voir Mad^e. d'Orbe établie avec eux. Continuez, mon cher, à m'écrire avec le même foin, & vous me ferez plus de plaifir que jamais: Mon épuipage a été pris, & je fuis fans livres; mais je lis vos lettres.

LETTRE V.

A Milord Edouard.

QUelle joye vous me donnez en m'annonçant que nous passerons l'hiver à Clarens! mais que vous me la faites payer cher en prolongeant votre séjour à l'armée! Ce qui me déplait sur tout, c'est de voir clairement qu'avant notre séparation le parti de faire la campagne étoit déja pris, & que vous ne m'en voulutes rien dire. Milord, je sens la raison de ce mistere & ne puis vous en savoir bon gré. Me mépriseriez-vous assés pour croire qu'il me fut bon de vous survivre, ou m'avez-vous connu des attachemens si bas que je les prefere à l'honneur de mourir avec mon ami? Si je ne méritois pas de vous suivre, il faloit me laisser à Londres, vous m'auriez moins of-

offenſé que de m'envoyer ici.

Il eſt clair par la derniere de vos lettres qu'en effet une des miennes s'eſt perdue, & cette perte a du vous rendre les
deux lettres ſuivantes fort obſcures à bien
des égards; mais les éclairciſſemens néceſſaires pour les bien entendre viendront
à loiſir. Ce qui preſſe le plus à préſent
eſt de vous tirer de l'inquiétude où vous
êtes ſur le chagrin ſecret de Madame de
Wolmar.

Je ne vous redirai point la ſuite de
la converſation que j'eus avec elle après
le départ de ſon mari. Il s'eſt paſſé depuis bien des choſes qui m'en ont fait
oublier une partie, & nous la reprimes
tant de fois durant ſon abſence que je
m'en tiens au ſommaire pour épargner
des répétitions.

Elle m'apprit donc que ce même
Epoux qui faiſoit tout pour la rendre
heureuſe étoit l'unique auteur de tou-

toute sa peine, & que plus leur attachement mutuel étoit sincere, plus il lui donnoit à souffrir. Le diriez-vous, Milord?
Cet homme si sage, si raisonnable, si
loin de toute espece de vice, si peu sou-
mis aux passions humaines, ne croit rien
de ce qui donne un prix aux vertus, &,
dans l'innocence d'une vie irréprochable,
il porte au fond de son cœur l'affreuse
paix des méchans. La réflexion qui naît
de ce contraste augmente la douleur de
Julie, & il semble qu'elle lui pardonne-
roit plutôt de méconnoitre l'Auteur de
son être, s'il avoit plus de motifs pour le
craindre ou plus d'orgueil pour le braver.
Qu'un coupable appaise sa conscience aux
dépends de sa raison, que l'honneur de
penser autrement que le vulgaire anime
celui qui dogmatise, cette erreur au moins
se conçoit; mais, poursuit-elle en soupi-
rant, pour un si honnête homme & si
peu vain de son savoir, c'étoit bien la peine d'être incrédule!

Il faut être instruit du caractere des deux époux, il faut les imaginer concentrés dans le sein de leur famille, & se tenant l'un à l'autre lieu du reste de l'univers; il faut connoitre l'union qui regne entre eux dans tout le reste, pour concevoir combien leur différent sur ce seul point est capable d'en troubler les charmes. M. de Wolmar, élevé dans le rite grec, n'étoit pas fait pour supporter l'absurdité d'un culte aussi ridicule. Sa raison trop supérieure à l'imbécille joug qu'on lui vouloit imposer le secoüa bientôt avec mépris, & réjettant à la fois tout ce qui lui venoit d'une autorité si suspecte, forcé d'être impie il se fit athée.

Dans la suite ayant toujours vécu dans des pays catholiques il n'apprit pas à concevoir une meilleure opinion de la foi Chrétienne par celle qu'on y professe. Il n'y vit d'autre religion que l'intérest, de ses ministres. Il vit que tout y consistoit

en-

encore en vaines ſimagrées, plâtrées un peu plus ſubtilement par des mots qui ne ſignifioient rien, il s'apperçut que tous les *honnêtes gens* y étoient unanimement de ſon avis & ne s'en cachoit güere, que le clergé même, un peu plus diſcretement, ſe moquoit en ſecret de ce qu'il enſeignoit en public, & il m'a proteſté ſouvent qu'après bien du tems & des recherches, il n'avoit trouvé de ſa vie que trois Prêtres qui cruſſent en Dieu (*). En voulant

(*) A Dieu ne plaiſe que je veuille approuver ces aſſertions dures & téméraires; j'affirme ſeulement qu'il y a des gens qui les font & dont la conduite du clergé de tous les pays & de toutes les ſectes n'autoriſe que trop ſouvent l'indiſcretion. Mais loin que mon deſſein dans cette note ſoit de me mettre lâchement à couvert, voici bien nettement mon propre ſentiment ſur ce point. C'eſt que nul vrai croyant ne ſauroit être intolérant ni perſécuteur. Si j'étois magiſtrat, & que la loi portât peine de mort contre les athées, je commencerois par faire bruler comme tel quiconque en viendroit dénoncer un autre.

lant s'éclaircir de bonne foi fur ces ma-
tieres, il s'étoit enfoncé dans les téne-
bres de la métaphyfique où l'homme n'a
d'autres guides que les fiftemes qu'il y
porte, & ne voyant par tout que doutes
& contradictions, quand enfin il eft venu parmi des Chrétiens il y eft venu trop
tard, fa foi s'étoit deja fermée à la vérité, fa raifon n'étoit plus acceffible à la
certitude; tout ce qu'on lui prouvoit dé-
truifant plus un fentiment qu'il n'en éta-
bliffoit un autre, il a fini par combattre
également les dogmes de toute efpece,
& n'a ceffé d'être athée que pour devenir fceptique.

Voila le mari que le Ciel deftinoit à
cette Julie en qui vous connoiffez une
foi fi fimple & une pieté fi douce: mais
il faut avoir vécu auffi familierement a-
vec elle que fa coufine & moi, pour favoir combien cette ame tendre eft naturellement portée à la dévotion. On di-

roit

roit que rien de terreftre ne pouvant fuffire au befoin d'aimer dont elle eft dé-
vorée, cet excès de fenfibilité foit forcé
de remonter à fa fource. Ce n'eft point,
comme S^{te}. Thérefe, un cœur amoureux
qui fe donne le change, & veut fe tromper d'objet; c'eft un cœur vraiment inta-
riffable que l'amour ni l'amitié n'ont pu
épuifer, & qui porte fes affections fura-
bondantes au feul Etre digne de les abforber (*). L'amour de Dieu ne la dé-
tache point des créatures; il ne lui donne ni dureté ni aigreur. Tous ces attachemens produits par la même caufe,
en s'animant l'un par l'autre en deviennent

(*) Comment! Dieu n'aura donc que les
reftes des créatures? Au contraire, ce que les
créatures peuvent occuper du cœur humain eft fi
peu de chofe, que quand on croit l'avoir rempli d'elles, il eft encore vuide. Il faut un objet infini pour le remplir.

nent plus charmans & plus doux, & pour moi je crois qu'elle seroit moins dé-vote, si elle aimoit moins tendrement son pere, son mari, ses enfans, sa cou-sine, & moi-même.

Ce qu'il y a de singulier, c'est que plus elle l'est, moins elle croit l'être, & qu'elle se plaint de sentir en elle-même une ame aride qui ne fait point aimer Dieu. On a beau faire, dit-elle souvent, le cœur ne s'attache que par l'entremise des sens ou de l'imagination qui les re-présente, & le moyen de voir ou d'ima-giner l'immensité du grand Etre (*) ! Quand

(*) Il est certain qu'il faut se fatiguer l'ame pour l'élever aux sublimes idées de la divinité ; un culte plus sensible repose l'esprit du peuple. Il aime qu'on lui offre des objets de pieté qui le dispensent de penser à Dieu. Sur ces maxi-mes les catholiques ont-ils mal fait de remplir leurs Légendes, leurs Calendriers, leurs Egli-ses, de petits Anges, de beaux garçons, & de

Quand je veux m'élever à lui, je ne
fais où je fuis; n'appercevant aucun rapport entre lui & moi, je ne fais par où
l'atteindre, je ne vois ni ne fens plus
rien, je me trouve dans une efpece d'a-
néantiffement, & fi j'ofois juger d'autrui
par moi-même, je craindrois que les ex-
tafes des myftiques ne vinffent moins d'un
cœur plein que d'un cerveau vuide.

Que faire donc, continue-t-elle, pour
me dérober aux fantômes d'une raifon qui
s'égare ? Je fubftitue un culte groffier
mais à ma portée à ces fublimes contem-
plations qui paffent mes facultés. Je
rabbaiffe à regret la majefté divine; j'in-
terpofe entre elle & moi des objets fenfibles;

jolies faintes ? L'enfant Jéfus entre les bras
d'une mere charmante & modefte, eft en même tems un des plus touchans & des plus agré-
bles fpectacles que la dévotion Chrétienne puiffe offrir aux yeux des fideles.

fibles ; ne la pouvant contempler dans fon effence, je la contemple au moins dans fes œuvres, je l'aime dans fes bienfaits ; mais de quelque maniere que je m'y prenne, au lieu de l'amour pur qu'elle exige, je n'ai qu'une reconnoiffance intéreffée à lui préfenter.

C'eft ainfi que tout devient fentiment dans un cœur fenfible. Julie ne trouve dans l'univers entier que fujets d'attendriffement & de gratitude. Par tout elle apperçoit la bienfaifante main de la providence ; fes enfans font le cher dépot qu'elle en a reçu ; elle recüeille fes dons dans les productions de la terre ; elle voit fa table couverte par fes foins ; elle s'endort fous fa protection ; fon paifible réveil lui vient d'elle ; elle fent fes leçons dans les difgraces, & fes faveurs dans les plaifirs ; les biens dont jouït tout ce qui lui eft cher font autant de nouveaux fujets d'hommages ; fi le Dieu de

l'ul'univers échape à ses foibles yeux, elle voit par tout le pere commun des hommes. Honorer ainsi ses bienfaits suprêmes, n'est-ce pas servir autant qu'on peut l'Etre infini?

Concevez, Milord, quel tourment c'est de vivre dans la retraite avec celui qui partage notre existence, & ne peut partager l'espoir qui nous la rend chere! De ne pouvoir avec lui ni benir les œuvres de Dieu, ni parlér de l'heureux avenir que nous promet sa bonté! de le voir insensible en faisant le bien à tout ce qui le rend agréable à faire, & par la plus bizarre inconséquence penser en impie & vivre en Chrétien! Imaginez Julie à la promenade avec son mari; l'une admirant dans la riche & brillante parure que la terre étale l'ouvrage & les dons de l'Auteur de l'univers; l'autre ne voyant en tout cela qu'une combinaison fortuite où rien n'est lié que par une force aveugle:

Ima-

Imaginez deux époux sincerement unis, n'osant de peur de s'importuner mutuellement se livrer, l'un aux réflexions l'autre aux sentimens que leur inspirent les objets qui les entourent, & tirer de leur attachement même le devoir de se contraindre incessamment. Nous ne nous promenons presque jamais Julie & moi, que quelque vue frapante & pittoresque ne lui rappelle ces idées douloureuses. Hélas! dit-elle avec attendrissement; le spectacle de la nature, si vivant si animé pour nous, est mort aux yeux de l'infortuné Wolmar, & dans cette grande harmonie des êtres, où tout parle de Dieu d'une voix si douce, il n'apperçoit qu'un silence éternel.

Vous qui connoissez Julie, vous qui savez combien cette ame communicative aime à se répandre, concevez ce qu'elle souffriroit de ces réserves, quand elles n'auroient d'autre inconvénient qu'un si triste trifte partage entre ceux à qui tout doit être commun. Mais des idées plus funeftes s'élêvent malgré qu'elle en ait à la fuite de celle-là. Elle a beau vouloir rejetter ces terreurs involontaires, elles reviennent la troubler à chaque inftant. Quelle horreur pour une tendre épouse d'imaginer l'Etre fuprême vengeur de fa divinité méconnue, de fonger que le bonheur de celui qui fait le fien doit finir avec fa vie, & de ne voir qu'un réprouvé dans le pere de fes enfans ! A cette affreufe image, toute fa douceur la garantit à peine du defefpoir, & la Religion, qui lui rend amere l'incrédulité de fon mari lui donne feule la force de la fupporter. Si le Ciel, dit-elle fouvent, me refufe la converfion de cet honnête homme, je n'ai plus qu'une grace à lui demander; c'eft de mourir la premiere.

Telle eft, Milord, la trop jufte caufe de fes chagrins fecrets; telle eft la peine in-

intérieure qui semble charger sa conscience de l'endurcissement d'autrui, & ne lui devient que plus cruelle par le soin qu'elle prend de la dissimuler. L'athéisme qui marche à visage découvert chez les papistes, est obligé de se cacher dans tout pays où la raison permetant de croire en Dieu, la seule excuse des incrédules leur est ôté. Ce Sistême est naturellement désolant ; s'il trouve des partisans chez les Grands & les riches qu'il favorise, il est par tout en horreur au peuple opprimé & misérable, qui voyant délivrer ses tyrans du seul frein propre à les contenir, se voit encore enlever dans l'espoir d'une autre vie la seule consolation qu'on lui laisse en celle-ci. Madame de Wolmar sentant donc le mauvais effet que feroit ici le pyrrhonisme de son mari, & voulant sur tout garantir ses enfans d'un si dangereux exemple, n'a pas eu de peine à engager au secret un homme sincere &

vrai,

vrai, mais difcret, fimple, fans vanité, &
fort éloigné de vouloir ôter aux autres
un bien dont il eft fâché d'être privé lui-
même. Il ne dogmatife jamais, il vient
au temple avec nous, il fe conforme aux
ufages établis ; fans profeffer de bouche
une foi qu'il n'a pas, il évite le fcanda-
le, & fait fur le culte réglé par les loix
tout ce que l'Etat peut exiger d'un Ci-
toyen.

Depuis près de huit ans qu'ils font u-
nis, la feule Made. d'Orbe eft du fecret
parce qu'on le lui a confié. Au furplus,
les apparences font fi bien fauvées, &
avec fi peu d'affectation, qu'au bout de
fix femaines paffées enfemble dans la plus
grande intimité, je n'avois pas même
conçu le moindre foupçon, & n'aurois
peut-être jamais pénétré la vérité fur ce
point, fi Julie elle même ne me l'ent
apprife.

Plufieurs motifs l'ont déterminée à cette

te confidence. Premierement quelle referve eft compatible avec l'amitié qui regne entre nous ? N'eft-ce pas aggraver
fes chagrins à pure perte que s'ôter la
douceur de les partager avec un ami ?
De plus, elle n'a pas voulu que ma préfence fut plus longtems un obftacle aux
entretiens qu'ils ont fouvent enfemble fur
un fujet qui lui tient fi fort au cœur. Enfin, fachant que vous deviez bientôt venir nous joindre, elle a défiré, du con-
fentement de fon mari, que vous fuffiez
d'avance inftruit de fes fentimens; car elle attend de votre fageffe un fupplément
à nos vains efforts, & des effets dignes
de vous.

Le tems qu'elle choifit pour me confier
fa peine m'a fait foupçonner une autre
raifon dont elle n'a eu garde de me parler. Son mari nous quittoit; nous reftions
feuls; nos cœurs s'étoient aimés; ils s'en
fouvenoient encore; s'ils s'étoient un inftant

ſtant oubliés tout nous livroit à l'opprobre. Je voyois clairement qu'elle avoit
craint ce tête-à-tête & tâché de s'en
garantir, & la ſcene de Meillerie m'a
trop appris que celui des deux qui ſe
défioit le moins de lui-même devoit ſeul
s'en défier.

Dans l'injuſte crainte que lui inſpiroit
ſa timidité naturelle, elle n'imagina point
de précaution plus ſûre que de ſe donner inceſſamment un témoin qu'il falut
reſpecter, d'appeller en tiers le juge in-
tegre & redoutable qui voit les actions
ſecrettes & fait lire au fond des cœurs.
Elle s'environnoit de la majeſté ſuprê-
me; je voyois Dieu ſans ceſſe entre elle
& moi. Quel coupable deſir eut pu
franchir une telle ſauvegarde? mon cœur
s'épuroit au feu de ſon Zele, & je par-
tageois ſa vertu.

Ces graves entretiens remplirent preſque tous nos tête-à-têtes durant l'abſence

ce de son mari, & depuis son retour
nous les reprenons fréquemment en sa
présence. Il s'y prête comme s'il étoit
question d'un autre, & sans méprifer
nos foins, il nous donne souvent de bons
conseils fur la maniere dont nous devons
raifonner avec lui. C'est cela-même qui
me fait defefpérer du succès ; car s'il
avoit moins de bonne-foi, l'on pourroit
attaquer le vice de l'ame qui nourriroit
fon incrédulité ; mais s'il n'est question
que de convaincre, où chercherons-nous
des lumieres qu'il n'ait point eues & des
raifons qui lui aient échapé ? Quand j'ai
voulu difputer avec lui, j'ai vû que tout
ce que je pouvois employer d'argumens
avoit été déja vainement épuifé par Julie, & que ma fécherefle étoit bien loin
de cette éloquence du cœur & de cette
douce perfuafion qui coule de fa bouche.
Milord, nous ne ramenerons jamais cet
homme ; il est trop froid & n'est point

mé-

méchant, il ne s'agit pas de le toucher; la preuve intérieure ou de fentiment lui manque, & celle-là feule peut rendre invincibles toutes les autres.

Quelque foin que prenne fa femme de lui déguifer fa triftelle, il la fent & la partage : ce n'eft pas un œil aufli clair-voyant qu'on abufe. Ce chagrin dévoré ne lui en eft que plus fenfible. Il m'a dit avoir été tenté plufieurs fois de ceder en apparence, & de feindre pour la tranquilifer des fentimens qu'il n'avoit pas ; mais une telle baffeffe d'ame eft trop loin de lui. Sans en impofer à Ju-lie, cette diffimulation n'eut été qu'un nouveau tourment pour elle. La bonne foi, la franchife, l'union des cœurs qui confole de tant de maux fe fut éclipfée entre eux. Etoit-ce en fe faifant moins eftimer de fa femme qu'il pouvoit la raf-furer fur fes craintes? Au lieu d'ufer de déguifement avec elle, il lui dit fin-

ce-

cerement ce qu'il pense; mais il le dit d'un ton si simple, avec si peu de mépris des opinions vulgaires, si peu de cette ironique fierté des esprits-forts, que ces tristes aveux donnent bien plus d'affliction que de colere à Julie, & que, ne pouvant transmettre à son mari ses sentimens & ses espérances, elle en cherche avec plus de soin à rassembler autour de lui ces douceurs passageres auxquelles il borne sa félicité. Ah! dit-elle avec douleur, si l'infortuné fait son paradis en ce monde, rendons-le lui du moins aussi doux qu'il est possible! (*)

Le

(*) Combien ce sentiment plein d'humanité n'est-il pas plus naturel que le zèle affreux des persécuteurs, toujours occupés à tourmenter les incredules, comme pour les danner dès cette vie, & se faire les précurseurs des démons? Je ne cesserai jamais de le redire; c'est que ces persécuteurs-là ne sont point des croyans; ce sont des fourbes.

Le voile de tristesse dont cette opposition de sentimens couvre leur union, prouve mieux que toute autre chose l'invincible ascendant de Julie par les consolations dont cette tristesse est mêlée, & qu'elle seule au monde étoit peut-être capable d'y joindre. Tous leurs démélés, toutes leurs disputes sur ce point important, loin de se tourner en aigreur, en mépris, en querelles, finissent toüjours par quelque scene attendrissante, qui ne fait que les rendre plus chers l'un à l'autre.

Hier l'entretien s'étant fixé sur ce texte qui revient souvent quand nous ne sommes que nous trois, nous tombâmes sur l'origine du mal, & je m'efforçois de montrer que non seulement il n'y avoit point de mal absolu & général dans le sistême des êtres, mais que même les maux particuliers étoient beaucoup moindres qu'ils ne le semblent au premier coup d'œil, & qu'à tout prendre ils é-
toient

toient furpaffés de beaucoup par les biens
particuliers & individuels. Je citois à M.
de Wolmar fon propre exemple, & pénétré du bonheur de fa fituation, je la
peignois avec des traits fi vrais qu'il en
parut ému lui-même. Voila, dit-il en
m'interrompant, les féductions de Julie.
Elle met toujours le fentiment à la place
des raifons, & le rend fi touchant qu'il
faut toujours l'embraffer pour toute réponfe : feroit-ce point de fon maitre de
philofophie, ajoûta-t-il en riant, qu'elle
auroit appris cette maniere d'argumenter?

Deux mois plutôt, la plaifanterie m'eut
déconcerté cruellement, mais le tems de
l'embarras eft paffé ; je n'en fis que rire
à mon tour, & quoique Julie eut un peu
rougi, elle ne parut pas plus embarraffée
que moi. Nous continuames. Sans difputer
fur la quantité du mal, Wolmar fe con-
tentoit de l'aveu qu'il falut bien faire que,
peu ou beaucoup, enfin le mal exifte;

I 3 &

& de cette feule exiftence il déduifoit défaut de puiffance d'intelligence ou de bonté dans la premiere caufe. Moi de mon côté je tâchois de montrer l'origine du mal phyfique dans la nature de la matiere, & du mal moral dans la liberté de l'homme. Je lui foûtenois que Dieu pouvoit tout faire, hors de créer d'autres fubftances auffi parfaites que la fienne & qui ne laiffaffent aucune prife au mal. Nous étions dans la chaleur de la difpute quand je m'apperçûs que Julie avoit difparu. Devinez où elle eft, me dit fon mari voyant que je la cherchois des yeux? Mais, dis-je, elle eft allée donner quelque ordre dans le ménage. Non, dit-il, elle n'auroit point pris pour d'autres affaires le tems de celle-ci. Tout fe fait fans qu'elle me quite, & je ne la vois jamais rien faire. Elle eft donc dans la chambre des enfans? Tout auffi peu; fes enfans ne lui font pas plus chers que

mon

mon falut. Hébien, repris-je, ce qu'elle fait, je n'en fais rien; mais je fuis très fûr qu'elle ne s'occupe qu'à des foins utiles. Encore moins, dit-il froidement; venez, venez; vous verrez fi j'ai bien déviné.

Il fe mit à marcher doucement; je le fuivis fur la pointe du pied. Nous arrivâmes à la porte du cabinet; elle étoit fermée. Il l'ouvrit brufquement. Milord, quel fpectacle! Je vis Julie à genoux, les mains jointes, & toute en larmes. Elle fe lève avec précipitation, s'effuyant les yeux, fe cachant le vifage, & cherchant à s'échaper: on ne vit jamais une honte pareille. Son mari ne lui laiffa pas le tems de fuir. Il courut à elle dans une efpece de tranfport. Chere époufe! lui dit-il en l'embraffant; l'ardeur même de tes vœux trahit ta caufe. Que leur manque-t-il pour être efficaces? Va, s'ils étoient entendus, ils fe-

roient

roient bientôt exaucés. Ils le feront, lui dit-elle d'un ton ferme & perfuadé; j'en ignore l'heure & l'occafion. Puffai-je l'acheter aux dépends de ma vie! mon dernier jour feroit le mieux em-ployé.

Venez, Milord, quittez vos malheu-reux combats, venez remplir un devoir plus noble. Le fage préfere-t-il l'honneur de tuer des hommes aux foins qui peu-vent en fauver un? (*)

(*) Il y avoit ici une grande Lettre de Mi-lord Edouard à Julie. Dans la fuite il fera par-lé de cette Lettre; mais pour de bonnes raifons j'ai été forcé de la fupprimer.

L E T T R E VI.

A Milord Edouard.

QUoi! même après la séparation de l'armée, encore un voyage à Paris! Oubliez-vous donc tout à fait Clarens, & celle qui l'habite? Nous êtes-vous moins cher qu'à Milord Hyde? Etes vous plus nécessaire à cet ami qu'à ceux qui vous attendent ici? Vous nous forcez à faire des vœux opposés aux votres, & vous me faites souhaiter d'avoir du crédit à la Cour de France pour vous empêcher d'obtenir les passeports que vous en attendez. Contentez-vous, toutefois: allez voir votre digne compatriote. Malgré lui, malgré vous, nous serons vengés de cette préférence, & quelque plaisir que vous goûtiez à vivre avec lui, je sais que quand vous serez avec nous vous regrete-

I 5

rez le tems que vous ne nous aurez pas donné.

En recevant votre lettre j'avois d'abord soupçonné qu'une commiffion fecrette .... quel plus digne médiateur de paix? .... mais les Rois donnent-ils leur confiance à des hommes vertueux? Ofent-ils écouter la vérité? favent-ils même honorer le vrai mérite? ...... Non, non, cher Edouard, vous n'êtes pas fait pour le miniftere, & je penfe trop bien de vous pour croire que fi vous n'étiez pas né Pair d'Angleterre, vous le fuffiez jamais devenu.

Viens, Ami, tu feras mieux à Clarens qu'à la Cour. O quel hiver nous alons paffer tous enfemble, fi l'efpoir de notre réunion ne m'abufe pas! Chaque jour la prépare en ramenant ici quelqu'une de ces ames privilégiées qui font fi cheres l'une à l'autre, qui font fi dignes de s'aimer, & qui femblent n'attendre que

vous

vous pour se passer du reste de l'univers. En apprenant quel heureux hazard a fait passer ici la partie adverse du Baron d'Etange, vous avez prévu tout ce qui devoit arriver de cette rencontre (*), & ce qui est arrivé réellement. Ce vieux plaideur, quoiqu'inflexible & entier presque autant que son adversaire, n'a pu résister à l'ascendant qui nous a tous subjugués. Après avoir vû Julie, après l'avoir entendue, après avoir conversé avec elle, il a eu honte de plaider contre son pere. Il est parti pour Berne si bien disposé, & l'accomodement est actuellement en si bon train, que sur la derniere lettre du Baron nous l'attendons de retour dans peu de jours.

Voila

(*) On voit qu'il manque ici plusieurs lettres intermédiaires, ainsi qu'en beaucoup d'autres endroits. Le lecteur dira qu'on se tire fort comodément d'affaire avec de pareilles omissions, & je suis tout-à-fait de son avis.

I 6

Voila ce que vous aurez déja fû par M. de Wolmar. Mais ce que probablement vous ne favez point encore, c'eft que Mad^e. d'Orbe ayant enfin terminé fes affaires eft ici depuis Jeudi, & n'aura plus d'autre demeure que celle de fon amie. Comme j'étois prévenu du jour de fon arrivée, j'allai au devant d'elle à l'inçû de Mad^e. de Wolmar qu'elle vouloit furprendre, & l'ayant rencontrée au deça de Lutri, je revins fur mes pas avec elle.

Je la trouvai plus vive & plus charmante que jamais, mais inégale, diftraite, n'écoutant point, répondant encore moins, parlant fans fuite & par faillies, enfin livrée à cette inquiétude dont on ne peut fe deffendre fur le point d'obtenir ce qu'on a fortement défiré. On eut dit à chaque inftant qu'elle trembloit de retourner en arriere. Ce départ, quoique longtems différé, s'étoit fait fi à
la

la hâte que la tête en tournoit à la maitreſſe & aux domeſtiques. Il regnoit un
deſordre riſiblé dans le menu bagage
qu'on amenoit. A meſure que la femme-
de-chambre craignoit d'avoir oublié quelque choſe, Claire aſſuroit toujours l'avoir
fait mettre dans le coffre du Carroſſe,
& le plaiſant quand on y regarda, fût
qu'il ne s'y trouva rien du tout.

Comme elle ne vouloit pas que Julie
entendit ſa voiture, elle deſcendit dans
l'avenue, traverſa la cour en courant
comme une folle, & monta ſi précipi-
tamment qu'il falut reſpirer après la premiere rampe avant d'achever de monter.
M. de Wolmar vint au devant d'elle; elle ne put lui dire un ſeul mot.

En ouvrant la porte de la chambre,
je vis Julie aſſiſe vers la fenêtre & tenant ſur ſes genoux la petite Henriette,
comme elle faiſoit ſouvent. Claire avoit
médité un beau diſcours à ſa maniere

 mêlé

mêlé de sentiment & de gaité ; mais en mettant le pied sur le seuil de la porte, le discours, la gaité, tout fut oublié ; elle vole à son amie en s'écriant avec un emportement impossible à peindre ; Cousine, toujours, pour toujours, jusqu'à la mort ! Henriette appercevant sa mere saute & court au devant d'elle en criant aussi ; *Maman ! maman !* de toute sa force, & la rencontre si rudement que la pauvre petite tomba du coup. Cette subite aparition, cette chute, la joye, le trouble saisirent Julie à tel point, que s'étant levée en étendant les bras avec un cri très-aigu, elle se laissa retomber & se trouva mal. Claire voulant relever sa fille, voit pâlir son amie, elle hésite ; elle ne sait à laquelle courrir. Enfin, me voyant relever Henriette, elle s'élance pour secourir Julie défaillante, & tombe sur elle dans le même état.

Hen-

Henriette les appercevant toutes deux fans mouvement fe mit à pleurer & pouffer des cris qui firent accourir la Fanchon; l'une court à fa mere, l'autre à fa maitreffe. Pour moi, faifi, tranfporté, hors de fens, j'errois à grands pas par la chambre fans favoir ce que je faifois, avec des exclamations interrompues, & dans un mouvement convulfif dont je n'étois pas le maitre. Wolmar lui-même, le froid Wolmar fe fentit ému. O fentiment, fentiment! douce vie de l'ame! quel eft le cœur de fer que tu n'as jamais touché? quel eft l'infortuné mortel à qui tu n'arrachas jamais de larmes? Au lieu de courir à Julie, cet heureux époux fe jetta fur un fauteuil pour contempler avidement ce raviffant fpectacle. Ne craignez rien, dit-il, en voyant notre empreffement. Ces Scenes de plaifir & de joye n'épuifent un inftant la nature que pour la raminer d'u-

ne

ne vigueur nouvelle; elles ne font jamais dangereufes. Laiffez-moi jouïr du bonheur que je goûte & que vous partagez. Que doit-il être pour vous? Je n'en connus jamais de femblable, & je fuis le moins heureux des fix.

Milord, fur ce premier moment vous pouvez juger du refte. Cette réunion excita dans toute la maifon un retentiffement d'allégreffe, & une fermentation qui n'eft pas encore calmée. Julie hors d'elle-même étoit dans une agitation où je ne l'avois jamais vue; il fut impoffible de fonger à rien de toute la journée qu'à fe voir & s'embraffer fans ceffe avec de nouveaux tranfports. On ne s'avifa pas même du falon d'Apollon, le plaifir étoit par tout, on n'avoit pas befoin d'y fonger. A peine le lendemain eut-on affés de fang-froid pour préparer une fête. Sans Wolmar tout feroit allé de travers: chacun fe para de fon mieux.

mieux. Il n'y eut de travail permis que ce qu'il en faloit pour les amusemens. La fête fut célébrée, non pas avec pompe, mais avec délire; il y regnoit une confusion qui la rendoit touchante, & le desordre en faisoit le plus bel ornement.

La matinée se passa à mettre Mad⁰. d'Orbe en possession de son emploi d'Intendante ou de maîtresse d'hôtel, & elle se hâtoit d'en faire les fonctions avec un empressement d'enfant qui nous fit rire. En entrant pour diner dans le beau Salon les deux Cousines virent de tous côtés leurs chiffres unis, & formés avec des fleurs. Julie devina dans l'instant d'où venoit ce soin; elle m'embrassa dans un saisissement de joye. Claire contre son ancienne coutume hésita d'en faire autant. Wolmar lui en fit la guerre; elle prit, en rougissant, le parti d'imiter sa cousine. Cette rougeur, que je remarquai trop, me fit un effet que je ne saurois dire; mais je ne me sentis pas dans ses bras sans émotion.

L'après-midi il y eut une belle colation dans le gynécée, où pour le coup le maitre & moi fumes admis. Les hommes tirerent au blanc une mise donnée par Made. d'Orbe. Le nouveau venu l'emporta, quoique moins éxercé que les autres; Claire ne fut pas la dupe de son addresse. Hanz lui-même ne s'y trompa pas, & refusa d'accepter le prix; mais tous ses camarades l'y forcerent, & vous pouvez juger que cette honnêteté de leur part ne fut pas perdue.

Le soir, toute la maison, augmentée de trois personnes, se rassembla pour danser. Claire sembloit parée par la main des graces; elle n'avoit jamais été si brillante que ce jour-là. Elle dansoit, elle causoit, elle rioit, elle donnoit ses ordres, elle suffisoit à tout. Elle avoit juré de

m'ex-

m'excéder de fatigue, & après cinq ou
six contredanſes très-vives tout d'une haleine, elle n'oublia pas le reproche ordinaire que je danſois comme un philoſophe. Je lui dis, moi, qu'elle danſoit
comme un lutin, qu'elle ne faiſoit pas
moins de ravage, & que j'avois peur
qu'elle ne me laiſſât repoſer ni jour ni
nuit: Au contraire, dit-elle, voici déquoi
vous faire dormir tout d'une piece; & à
l'inſtant, elle me réprit pour danſer.

Elle étoit infatigable; mais il n'en é-
toit pas ainſi de Julie; elle avoit peine
à ſe tenir; les genoux lui trembloient en
danſant; elle étoit trop touchée pour
pouvoir être gaye. Souvent on voyoit
des larmes de joye couler de ſes yeux;
elle contemploit ſa Couſine avec une ſorte de raviſſement; elle aimoit à ſe croire
l'étrangere à qui l'on donnoit la fête, &
à regarder Claire comme la maitreſſe de
la maiſon, qui l'ordonnoit. Après le ſouper,

per, je tirai des fuſées que j'avois apportées de la chine, & qui firent beaucoup d'effet. Nous veillames fort avant dans la nuit; il falut enfin ſe quitter; Made. d'Orbe étoit laſſe ou devoit l'être, & Julie voulut qu'on ſe couchât de bonne heure.

Inſenſiblement le calme renait, & l'ordre avec lui. Claire, toute folâtre quelle eſt, fait prendre, quand il lui plait, un ton d'autorité qui en impoſe. Elle a d'ailleurs du ſens, un diſcernement exquis, la pénétration de Wolmar, la bonté de Julie, & quoiqu'extremement libérale, elle ne laiſſe pas d'avoir auſſi beaucoup de prudence. En ſorte que reſtée Veuve ſi jeune, & chargée de la garde-noble de ſa fille, les biens de l'une & de l'autre n'ont fait que proſpérer dans ſes mains; ainſi l'on n'a pas lieu de craindre que ſous ſes ordres la maiſon ſoit moins bien gouvernée qu'auparavant.

Cela

Cela donne à Julie le plaifir de fe livrer toute entiere à l'occupation qui eft le plus de fon goût, favoir l'éducation des enfans, & je ne doute pas qu'Henriette ne profite extrêmement de tous les foins dont une de fes meres aura foulagé l'autre. Je dis, fes meres; car à voir la maniere dont elles vivent avec elle, il eft difficile de diftinguer la véritable, & des étrangers qui nous font venus aujourd'hui font ou paroiffent là-deffus encore en doute. En effet, toutes deux l'appellent, Henriette, ou, ma fille, indifféremment. Elle appelle, *maman* l'une, & l'autre *petite maman* ; la même tendreffe regne de part & d'autre ; elle obéit également à toutes deux. S'ils demandent aux Dames à laquelle elle appartient, chacune répond, à moi. S'ils interrogent Henriette, il fe trouve qu'elle a deux meres; on feroit embarraffé à moins. Les plus clairvoyans fe

dé-

décident pourtant à la fin pour Julie.
Henriette dont le pere étoit blond eſt
blonde comme elle & lui reſſemble beaucoup. Une certaine tendreſſe de mere ſe peind encore mieux dans ſes yeux
ſi -doux que dans les regards plus en-
joués de Claire. La petite prend auprès de Julie un air plus reſpectueux,
plus attentif ſur elle-même. Machinale-
ment elle ſe met plus ſouvent à ſes
côtés, parce que Julie a plus ſouvent
quelque choſe à lui dire. Il faut a-
vouer que toutes les apparences ſont
en faveur de la petite maman, & je
me ſuis apperçû que cette erreur eſt
ſi agréable aux deux Couſines, qu'elle
pourroit bien être quelquefois volontaire,
& devenir un moyen de leur faire ſa
cour.

Milord, dans quinze jours il ne man-
quera plus ici que vous. Quand vous y
ferez, il faudra mal penſer de tout homme

me dont le cœur cherchera fur le refte de la terre des vertus des plaifirs qu'il n'aura pas trouvés dans cette maifon.

LETTRE VII.

A Milord Edouard.

IL y a trois jours que j'effaye chaque foir de vous écrire. Mais après une journée laborieufe, le fommeil me gagne en rentrant : le matin dès le point du jour il faut retourner à l'ouvrage. Une ivreffe plus douce que celle du vin me jette au fond de l'ame un trouble délicieux, & je ne puis dérober un moment à des plaifirs devenus tout nouveaux pour moi.

Je ne conçois pas quel féjour pourroit me déplaire avec la fociété que je trouve dans celui-ci: mais favez-vous en quoi Clarens me plait pour lui-même ? C'eft que je m'y fens vraiment à la campagne, & que c'eft presque la premiere fois que j'en ai pu dire autant. Les gens de ville

ne

ne ſavent point aimer la Campagne; ils ne ſavent pas même y être: à peine quand ils y ſont ſavent-ils ce qu'on y fait. Ils en dédaignent les travaux, les plaiſirs, ils les ignorent; ils ſont chez eux comme en pays étranger, je ne m'étonne pas qu'ils s'y déplaiſent. Il faut être villageois au village, ou n'y point aller; car qu'y vat-on faire? Les habitans de Paris qui croyent aller à la campagne, n'y vont point; ils portent Paris avec eux. Les chanteurs, les beaux-eſprits, les auteurs, les paraſites ſont le cortege qui les ſuit. Le jeu, la muſique, la comédie y ſont leur ſeule occupation (*). Leur table eſt couverte comme à Paris; ils y mangent

aux

(*) Il y faut ajoûter la chaſſe. Encore la ſont ils ſi comodement qu'ils n'en ont pas la moitié de la fatigue ni du plaiſir. Mais je n'entame point ici cet article de la chaſſe; il fournit trop pour être traité dans une note. J'aurai peut-être occaſion d'en parler ailleurs.

Tome V. K

aux mêmes heures, on leur y fert les mêmes mets, avec le même appareil, ils n'y font que les mêmes chofes; autant valoit y refter; car quelque riche qu'on puiffe être & quelque foin qu'on ait pris, on fent toujours quelque privation, & l'on ne fauroit apporter avec foi Paris tout entier. Ainfi cette variété qui leur eft fi chere ils la fuyent; ils ne connoiffent jamais qu'une maniere de vivre, & s'en ennuyent toujours.

Le travail de la campagne eft agréable à confidérer, & n'a rien d'affés pénible en lui-même pour émouvoir à compaffion. L'objet de l'utilité publique & privée le rend intéreffant; & puis, c'eft la premiere vocation de l'homme, il rapelle à l'efprit une idée agréable, & au cœur tous les charmes de l'âge d'or. L'imagination ne refte point froide à l'afpect du labourage & des moiffons. La fimplicité de la vie paftorale & champêtre a tou-

jours

jours quelque chofe qui touche. Qu'on regarde les prés couverts de gens qui fa-nent & chantent, & des troupeaux épars dans l'éloignement : infenfiblement on fe fent attendrir fans favoir pourquoi. Ainfi quelquefois encore la voix de la nature amolit nos cœurs farouches, & quoiqu'on l'entende avec un regret inutile, elle eft fi douce qu'on ne l'entend jamais fans plaifir.

J'avoue que la mifere qui couvre les champs en certains pays où le publicain dévore les fruits de la terre, l'âpre avi-dité d'un fermier avare, l'inflexible ri-gueur d'un maitre inhumain ôtent beau-coup d'attrait à ces tableaux. Des chevaux étiques prets d'expirer fous les coups ; de malheureux payfans exténues de jeûne excédés de fatigue & couverts de haillons, des hameaux de mazures, of-frent un trifte fpectacle à la vue ; on a prefque regret d'être homme quand on

fonge aux malheureux dont il faut manger le fang. Mais quel charme de voir
de bons & fages regiſſeurs faire de la
culture de leurs terres l'inſtrument de
leurs bienfaits, leurs amuſemens , leurs
plaiſirs, verſer à pleines mains les dons
de la providence; engraiſſer tout ce qui
les entoure, hommes & beſtiaux, des
biens dont regorgent leurs granges, leurs
caves, leurs greniers ; accumuler l'abondance & la joye autour d'eux, & faire
du travail qui les enrichit une fête continuelle! Comment ſe dérober à la douce
illuſion que ces objets font naitre? On
oublie ſon ſiecle & ſes contemporains ;
on ſe tranſporte au tems des patriarches;
on veut mettre ſoi-même la main à l'œuvre, partager les travaux ruſtiques , &
le bonheur qu'on y voit attaché. O tems
de l'amour & de l'innocence, où les
femmes étoient tendres & modeſtes, où
les hommes étoient ſimples & vivoient
con-

contens! O Rachel! fille charmante & fi conftamment aimée, heureux celui qui pour t'obtenir ne regretta pas quatorze ans d'efclavage! O douce éleve de Noëmi, heureux le bon vieillard dont tu réchauffois les pieds & le cœur! Non, jamais la beauté ne regne avec plus d'empire qu'au milieu des foins champêtres. C'eft là que les graces font fur leur trône, que la fimplicité les pare, que la gaité les anime, & qu'il faut les adorer malgré foi. Pardon, Milord, je reviens à nous.

Depuis un mois les chaleurs de l'autonne apprêtoient d'heureufes vendanges; les premieres gelées en ont amené l'ouverture (*); le pampre grillé laiffant la grape à découvert étale aux yeux les dons du pere

(*) On vendange fort tard dans le pays de Vaud; parce que la principale recolte eft en vins blancs, & que la gelée leur eft falutaire.

K 3

re Lyée, & semble inviter les mortels à s'en emparer. Toutes les vignes chargées de ce fruit bienfaisant que le Ciel offre aux infortunés pour leur faire oublier leur mifere ; le bruit des tonneaux, des Cuves , des Légrefafs (*) qu'on relie de toutes parts ; le chant des vendangeufes dont ces côteaux retentiffent ; la marche continuelle de ceux qui portent la vendange au preffoir ; le rauque fon des inftrumens ruftiques qui les anime au travail ; l'aimable & touchant tableau d'une allégreffe générale qui femble en ce moment étendu fur la face de la terre ; enfin le voile de brouillard que le foleil éleve au matin comme une toile de théatre pour découvrir à l'œil un fi charmant fpectacle ; tout confpire à lui donner un air de fête, & cette fête n'en devient

que

(*) Sorte de foudre ou de grand tonneau du pays.

que plus belle à la réflexion, quand on songe qu'elle est la seule où les hommes aient su joindre l'agréable à l'utile.

M. de Wolmar dont ici le meilleur terrain consiste en vignobles a fait d'avance tous les préparatifs nécessaires. Les cuves, le pressoir, le cellier, les futailles n'attendoient que la douce liqueur pour laquelle ils sont destinés. Mad*. de Wolmar s'est chargée de la récolte, le choix des ouvriers, l'ordre & la distribution du travail la regardent. Mad*. d'Orbe préside aux festins de vendange, & au salaire des journaliers selon la police établie, dont les loix ne s'enfreignent jamais ici. Mon inspection, à moi, est de faire observer au pressoir les directions de Julie dont la tête ne supporte pas la vapeur des cuves, & Claire n'a pas manqué d'applaudir à cet emploi, comme étant tout à fait du ressort d'un buveur.

Les tâches ainsi partagées, le métier

com-

commun pour remplir les vuides eſt celui de vendangeur. Tout le monde eſt ſur pied de grand matin; on ſe raſſemble pour aller à la vigne. Mad^e. d'Orbe, qui n'eſt jamais aſſés occupée au gré de ſon activité, ſe charge pour ſurcroit, de faire avertir & tancer les pareſſeux, & je puis me vanter qu'elle s'acquite envers moi de ce ſoin avec une maligne vigilance. Quant au vieux Baron, tandis que nous travaillons tous, il ſe promene avec un fuſil, & vient de tems en tems m'ôter aux vendangeuſes pour aller avec lui tirer des grives, à quoi l'on ne manque pas de dire que je l'ai ſecretement engagé, ſi bien que j'en perds peu à peu le nom de philoſophe pour gagner celui de fainéant, qui dans le fond n'en differe pas de beaucoup.

Vous voyez par ce que je viens de vous marquer du Baron, que notre réconciliation eſt ſincere, & que Wolmar

a

a lieu d'être content de fa feconde épreuve (*). Moi de la haine pour le pere
de mon amie! Non, quand j'aurois été
fon fils, je ne l'aurois pas plus parfaitement honoré. En vérité, je ne connois
point d'homme plus droit, plus franc,

plus

(*) Ceci s'entendra mieux par l'extrait fui-
vant d'une Lettre de Julie, qui n'eft pas dans
ce recueil.

„ Voila, me dit M. de Wolmar en me ti-
„ rant à part, la feconde épreuve que je lui
„ deftinois. S'il n'eut par careffé votre pere
„ je me ferois defié de lui. Mais, dis-je,
„ comment concilier ces careffes & votre é-
„ preuve avec l'antipathie que vous avez vous-
„ même trouvée entre eux? Elle n'exifte plus,
„ reprit-il; les préjugés de votre pere ont fait
„ à St. Preux tout le mal qu'ils pouvoient lui
„ faire: Il n'en a plus rien à craindre, il ne
„ les hait plus, il les plaint. Le Baron de
„ fon côté ne le craint plus; il a le cœur bon,
„ il fent qu'il lui a fait bien du mal, il en a
„ pitié. Je vois qu'ils feront fort bien enfem-
„ ble, & fe verront avec plaifir. Auffi dès cet
„ inftant, je compte fur lui tout à fait.

K 5

plus généreux, plus respectable à tous égards que ce bon gentilhomme. Mais la bizarrerie de ses préjugés est étrange. Depuis qu'il est sûr que je ne saurois lui appartenir, il n'y a sorte d'honneur qu'il ne me fasse; & pourvû que je ne sois pas son gendre, il se mettroit volontiers au dessous de moi. La seule chose que je ne puis lui pardonner, c'est quand nous sommes seuls de railler quelquefois le prétendu philosophe sur ses anciennes leçons. Ces plaisanteries me sont ameres & je les reçois toujours fort mal; mais il rit de ma colere, & dit; allons tirer des grives, c'est assés pousser d'argumens. Puis il crie en passant; Claire, Claire! un bon souper à ton maitre, car je lui vais faire gagner de l'appetit. En effet, à son âge il court les vignes avec son fusil tout aussi vigoureusement que moi, & tire incomparablement mieux. Ce qui me vange un peu de ses railleries, c'est

que

que devant fa fille il n'ofe plus fouffler,
& la petite écoliere n'en impofe gueres
moins à fon pere même qu'à fon précep-
teur. Je reviens à nos vendanges.

Depuis huit jours que cet agréable travail nous occupe on eft à peine à la moitié de l'ouvrage. Outre les vins deftinés
pour la vente & pour les provifions or-
dinaires, lefquels n'ont d'autre façon que
d'être recueillis avec foin, la bienfaifante
fée en prépare d'autres plus fins pour nos
buveurs, & j'aide aux opérations magi-
ques dont je vous ai parlé, pour tirer
d'un même vignoble des vins de tous les
pays. Pour l'un elle fait tordre la grape
quand elle eft meure & la laiffe flétrir au
foleil fur la fouche ; pour l'autre elle fait
égraper le raifin & trier des grains avant
de les jetter dans la cuve ; pour un autre elle fait cueillir avant le lever du foleil du raifin rouge, & le porter doucement fur le preffoir couvert encore de

fa fleur & de fa rofée, pour en exprimer du vin blanc ; elle prépare un vin de liqueur en mêlant dans les tonneaux du mout réduit en firop fur le feu, un vin fec en l'empêchant de cuver, un vin d'abfynthe pour l'eftomac (*), un vin mufcat avec des fimples. Tous ces vins différens ont leur apprêt particulier ; toutes ces préparations font faines & naturelles : c'eft ainfi qu'une économe induftrie fupplée à la diverfité des terrains, & raffemble vingt climats en un feul.

Vous ne fauriez concevoir avec quel zele, avec quelle gaité tout cela fe fait. On chante, on rit toute la journée, & le travail n'en va que mieux. Tout vit dans la plus grande familiarité ; tout le monde eft égal, & perfonne ne s'oublie.

Les

(*) En Suiffe on boit beaucoup de vin d'abfynthe ; & en général, comme les herbes des Alpes ont plus de vertu que dans les plaines, on y fait plus d'ufage des infufions.

Les Dames sont sans airs, les paysanes sont décentes, les hommes badins & non grossiers. C'est à qui trouvera les meilleures chansons, à qui fera les meilleurs contes, à qui dira les meilleurs traits. L'union même engendre les folâtres querelles, & l'on ne s'agace mutuellement que pour montrer combien on est sûr les uns des autres. On ne revient point ensuite faire chez soi les messieurs; on passe aux vignes toute la journée; Julie y a fait faire une loge où l'on va se chauffer quand on a froid, & dans laquelle on se réfugie en cas de pluye. On dine avec les paysans & à leur heure, aussi bien qu'on travaille avec eux. On mange avec appetit leur soupe un peu grossiere, mais bonne, saine, & chargée d'excellens légumes. On ne ricane point orgueilleusement de leur air gauche & de leurs complimens rustauds; pour les mettre à leur aise on s'y prête sans affectation. Ces complaisances ne

K 7   leur

leur échapent pas; ils y font fenfibles, &
voyant qu'on veut bien fortir pour eux
de fa place, ils s'en tiennent d'autant
plus volontiers dans la leur. A diner,
on amene les enfans, & ils paffent le refte de la journée à la vigne. Avec quelle joye ces bons villageois les voyent arriver! O bienheureux enfans, difent-ils
en les preffant dans leurs bras robuftes,
que le bon Dieu prolonge vos jours aux
dépends des nôtres! reffemblez à vos pere & meres, & foyez comme eux la bé-
nédiction du pays! Souvent en fongeant
que la plûpart de ces hommes ont porté les armes & favent manier l'épée &
le moufquet auffi bien que la ferpette &
la houe; en voyant Julie au milieu d'eux,
fi charmante & fi refpectée, recevoir,
elle & fes enfans, leurs touchantes acclamations, je me rappelle l'illuftre &
vertueufe Agrippine montrant fon fils aux
troupes de Germanicus. Julie! femme

in-

incomparable! vous exercez dans la fimplicité de la vie privée le defpotique empire de la fageffe & des bienfaits : vous
êtes pour tout le pays un dépot cher &
facré que chacun voudroit deffendre &
conferver au prix de fon fang, & vous
vivez plus fûrement, plus honorable-
ment au milieu d'un peuple entier qui
vous aime, que les Rois entourés de
tous leurs foldats.

Le foir on revient gaiment tous enfemble. On nourrit & loge les ouvriers
tout le tems de la vendange, & même
le dimanche après le prêche du foir on
fe raffemble avec eux & l'on danfe jufqu'au fouper. Les autres jours on ne fe
fépare point non plus en rentrant au lo-
gis, hors le Baron qui ne foupe jamais
& fe couche de fort bonne heure, &
Julie qui monte avec fes enfans chez lui
jufqu'à ce qu'il s'aille coucher. A cela
près, depuis le moment qu'on prend le
mé-

métier de vendangeur jufqu'à celui qu'on le quite, on ne mêle plus la vie citadine à la vie ruftique. Ces faturnales font bien plus agréables & plus fages que celles des Romains. Le renverfement qu'ils affectoient étoit trop vain pour inftruire le maitre ni l'efclave: mais la douce égalité qui regne ici rétablit l'ordre de la nature, forme une inftruction pour les uns, une confolation pour les autres & un lien d'amitié pour tous (*).

Le

(*) Si de là naît un commun état de fête, non moins doux à ceux qui defcendent qu'à ceux qui montent, ne s'enfuit-il pas que tous les états font prefque indifférens par eux-mêmes, pourvû qu'on puiffe & qu'on veuille en fortir quelquefois? Les gueux font malheureux parce qu'ils font toujours gueux; les Rois font malheureux parce qu'ils font toujours Rois. Les états moyens, dont on fort plus aifément offrent des plaifirs au deffus & au deffous de foi; ils étendent auffi les lumieres de ceux qui les rempliffent, en leur donnant plus de préju-

gés

Le lieu d'affemblée eft une Sale à l'antique avec une grande cheminée où l'on fait bon feu. La piece eft éclairée de trois lampes, auxquelles M. de Wolmar a feulement fait ajoûter des capuchons de fer-blanc pour intercepter la fumée & réfléchir la lumiere. Pour prevenir l'envie & les regrets on tâche de ne rien étaler aux yeux de ces bonnes gens qu'ils ne puiffent retrouver chez eux, de ne leur montrer d'autre opulence que le choix du bon dans les chofes communes & un peu plus de largeffe dans la diftribution. Le fouper eft fervi fur deux longues tables. Le luxe & l'appareil des feftins n'y foht pas, mais l'abondance

gés à connoître & plus de dégrés à comparer. Voila, ce me femble, la principale raifon pourquoi c'eft généralement dans les conditions médiocres qu'on trouve les hommes les plus heureux & du meilleur fens.

ce & la joye y font. Tout le monde
fe met à table, maitres, journaliers, domeftiques; chacun fe leve indifféremment pour fervir, fans exclufion, fans
préférence, & le fervice fe fait toujours
avec grace & avec plaifir. On boit
à difcretion, la liberté n'a point d'autres
bornes que l'honnêteté. La préfence de
maitres fi refpectés contient tout le monde & n'empêche pas qu'on ne foit à fon
aife & gai. Que s'il arrive à quelqu'un
de s'oublier, on ne trouble point la fête
par des réprimandes, mais il eft congé-
dié fans remiffion dès le lendemain.

Je me prévaux auffi des plaifirs du
pays & de la faifon. Je reprends la liberté de vivre à la Valaifane, & de boire affés fouvent du vin pur: mais je n'en
bois point qui n'ait été verfé de la main
d'une des deux Coufines. Elles fe char-
gent de méfurer ma foif à mes forces &
de ménager ma raifon. Qui fait mieux
qu'el-

qu'elles comment il la faut gouverner, & l'art de me l'ôter & de me la rendre? Si le travail de la journée, la durée & la gaité du repas donnent plus de force au vin versé de ces mains chéries, je laisse exhaler mes transports sans contrainte; ils n'ont plus rien que je doive taire, rien que gêne la présence du sage Wolmar. Je ne crains point que son œil éclairé lise au fond de mon cœur; & quand un tendre souvenir y veut renaître, un regard de Claire lui donne le change, un regard de Julie m'en fait rougir.

Après le souper on veille encore une heure ou deux en teillant du chanvre; chacun dit sa chanson tour à tour. Quelquefois les vendangeuses chantent en chœur toutes ensemble, ou bien alternativement à voix seule & en refrain. La plupart de ces chansons sont de vieilles romances dont les airs ne sont pas piquans; mais ils ont je ne sais quoi d'antique & de

doux

doux qui touche à la longue. Les paroles font fimples, naïves, fouvent triftes; elles plaifent pourtant. Nous ne pouvons nous empêcher, Claire de fourire, Julie de rougir, moi de foupirer, quand nous retrouvons dans ces chanfons des tours & des expreffions dont nous nous fommes fervis autrefois. Alors en jettant les yeux fur elles & me rappellant les tems éloignés, un treffaillement me prend, un poids infuportable me tombe tout à coup fur le cœur, & me laiffe une impreffion funefte qui ne s'efface qu'avec peine. Cependant je trouve à ces veillées une forte de charme que je ne puis vous expliquer, & qui m'eft pourtant fort fenfible. Cette réunion des différens états, la fimplicité de cette occupation, l'idée de délaffement d'accord de tranquillité, le fentiment de paix qu'elle porte à l'ame, a quelque chofe d'attendriffant qui difpofe à trouver ces chanfons plus intéreffantes.

Ce

Ce concert des voix de femmes n'eſt pas non plus ſans douceur. Pour moi, je ſuis convaincu que de toutes les harmonies, il n'y en a point d'auſſi agréable que le chant à l'uniſſon, & que s'il nous faut des accords, c'eſt parce que nous avons le goût dépravé. En effet, toute l'harmonie ne ſe trouve-t-elle pas dans un ſon quelconque? & qu'y pouvons nous ajoûter ſans altérer les proportions que la nature a établies dans la force rélative des ſons harmonieux? En doublant les uns & non pas les autres, en ne les renforçant pas en même raport, n'ôtons-nous pas à l'inſtant ces proportions? La nature a tout fait le mieux qu'il étoit poſſible; mais nous voulons mieux faire encore, & nous gâtons tout.

Il y a une grande émulation pour ce travail du ſoir auſſi bien que pour celui de la journée, & la filouterie que j'y voulois employer m'attira hier un petit af-

affront. Comme je ne suis pas des plus adroits à teiller & que j'ai souvent des distractions, ennuyé d'être toujours noté pour avoir fait le moins d'ouvrage, je tirois doucement avec le pied des chénevotes de mes voisins pour grossir mon tas; mais cette impitoyable Madame d'Orbe, s'en étant apperçue fit signe à Julie, qui m'ayant pris sur le fait, me tança séverement. Monsieur le fripon, me dit-elle tout haut, point d'injustice, même en plaisantant; c'est ainsi qu'on s'accoutume à devenir méchant tout de bon, & qui pis est, à plaisanter encore (*).

Voila comment se passe la soirée. Quand l'heure de la retraite approche, Mad^e. de Wolmar dit, alons tirer le feu d'artifice. A l'instant, chacun prend son pacquet de chénevotes, signe honorable

de

(*) L'homme au beure ! Il me semble que cet avis vous iroit assés bien.

de son travail ; on les porte en triomphe au milieu de la Cour, on les rassemble en un tas, on en fait un trophée, on y met le feu ; mais n'a pas cet honneur qui veut ; Julie l'adjuge, en présentant le flambeau à celui ou celle qui a fait ce soir-là le plus d'ouvrage ; fut-ce elle-même, elle se l'attribue sans façon. L'auguste cérémonie est accompagnée d'acclamations & de batemens de mains. Les chénevotes font un feu clair & brillant qui s'éleve jusqu'aux nues, un vrai feu de joye autour duquel on saute, on rit. Ensuite on offre à boire à toute l'assemblée ; chacun boit à la santé du vainqueur & va se coucher content d'une journée passée dans le travail, la gaité, l'innocence, & qu'on ne seroit pas fâché de recommencer le lendemain, le surlendemain, & toute sa vie.

LETTRE VIII.

A M. de Wolmar.

JOuïſſez , cher Wolmar , du fruit de vos ſoins. Recevez les homages d'un cœur épuré , qu'avec tant de peine vous avez rendu digne de vous être offert. Jamais homme n'entreprit ce que vous avez entrepris, jamais homme ne tenta ce que vous avez exécuté; jamais ame reconnoiſſante & ſenſible ne ſentit ce que vous m'avez inſpiré. La mienne avoit perdu ſon reſſort, ſa vigueur, ſon être; vous m'avez tout rendu. J'étois mort aux vertus ainſi qu'au bonheur: je vous dois cette vie morale à laquelle je me ſens renaitre. O mon Bienfaiteur! ô mon Pere! En me donnant à vous tout entier, je ne puis vous offrir, comme à Dieu même, que les dons que je tiens de vous.

Faut-

Faut-il vous avouer ma foiblesse &
mes craintes? Jusqu'à présent je me suis
toujours défié de moi. Il n'y a pas huit
jours que j'ai rougi de mon cœur & cru
toutes vos bontés perdues. Ce moment
fut cruel, & décourageant pour la vertu;
grace au Ciel, grace à vous, il est paffé pour ne plus revenir. Je ne me crois
plus guéri seulement parce que vous me
le dites, mais parce que je le sens. Je
n'ai plus besoin que vous me répondiez
de moi. Vous m'avez mis en état d'en
répondre moi-même. Il m'a falu séparer
de vous & d'elle pour savoir ce que je
pouvois être sans votre appui. C'est loin
des lieux qu'elle habite que j'apprends à
ne plus craindre d'en approcher.

J'écris à Madame d'Orbe le détail de
notre voyage. Je ne vous le répéterai
point ici. Je veux bien que vous con-
noissiez toutes mes foiblesses, mais je
n'ai pas la force de vous les dire. Cher

Wolmar, c'eſt ma derniere faute ; je m'en ſens déja ſi loin que je n'y ſonge point ſans fierté; mais l'inſtant en eſt ſi près encore que je ne puis l'avouer ſans peine. Vous qui ſutes pardonner mes é-garemens, comment ne pardonneriez-vous pas la honte qu'a produit leur repentir?

Rien ne manque plus à mon bonheur, Milord m'a tout dit. Cher ami, je ſerai donc à vous? J'éleverai donc vos enfans? L'ainé des trois élevera les deux autres? Avec quelle ardeur je l'ai déſiré! Combien l'eſpoir d'être trouvé digne d'un ſi cher emploi redoubloit mes ſoins pour répondre aux votres! combien de fois j'o-ſai montrer là - deſſus mon empreſſement à Julie! Qu'avec plaiſir j'interpretois ſou-vent en ma faveur vos diſcours & les ſiens! Mais quoiqu'elle fut ſenſible à mon zele & qu'elle en parut approuver l'ob-jet, je ne la vis point entrer aſſés pré-ciſément dans mes vues pour oſer en

par-

parler plus ouvertement. Je sentis qu'il faloit mériter cet honneur & ne pas le demander. J'attendois de vous & d'elle ce gage de votre confiance & de votre estime. Je n'ai point été trompé dans mon espoir : mes amis, croyez-moi, vous ne serez point trompés dans le votre.

Vous savez qu'à la suite de nos conversations sur l'éducation de vos enfans j'avois jetté sur le papier quelques idées qu'elles m'avoient fournies & que vous approuvâtes. Depuis mon départ il m'est venu de nouvelles réflexions sur le même sujet, & j'ai réduit le tout en une espece de sistême que je vous communiquerai quand je l'aurai mieux digéré, afin que vous l'examiniez à votre tour. Ce n'est qu'après notre arrivée à Rome que j'espere pouvoir le mettre en état de vous être montré. Ce sistême commence où finit celui de Julie, ou plutôt il n'en est que la suite & le developement; car tout con-

 siste

fifte à ne pas gâter l'homme de la nature en l'appropriant à la fociété.

J'ai recouvré ma raifon par vos foins; redevenu libre & fain de cœur, je me fens aimé de tout ce qui m'eft cher; l'avenir le plus charmant fe préfente à moi; ma fituation devroit être délicieufe, mais il eft dit que je n'aurai jamais l'ame en paix. En approchant du terme de notre voyage, j'y vois l'époque du fort de mon illuftre ami; c'eft moi qui dois, pour ainfi dire, en décider. Saurai-je faire au moins une fois pour lui ce qu'il a fait fi fouvent pour moi? Saurai-je remplir dignement le plus grand le plus important devoir de ma vie? Cher Wolmar, j'emporte au fond de mon cœur toutes vos leçons, mais pour favoir les rendre utiles que ne puis-je de même emporter votre fageffe! Ah! fi je puis voir un jour Edouard heureux; fi felon fon projet & le votre, nous nous raf-
fem-

femblons tous pour ne nous plus féparer, quel vœu me reftera - t - il à faire? Un feul, dont l'accompliffement ne dépend ni de vous, ni de moi, ni de perfonne au monde; mais de celui qui doit un prix aux vertus de votre époufe, & compte en fecret vos bienfaits.

LETTRE IX.

A Mad^e. d'Orbe

Où êtes-vous, charmante Cousine? Où êtes-vous, aimable confidente de ce foible cœur que vous partagez à tant de titres, & que vous avez consolé tant de fois? venez, qu'il verse aujourd'hui dans le votre l'aveu de sa derniere erreur. N'est-ce pas à vous qu'il appartient toujours de le purifier, & fait-il se reprocher encore les torts qu'il vous a confessés? Non, je ne suis plus le même, & ce changement vous est dû: c'est un nouveau cœur que vous m'avez fait, & qui vous offre ses prémices; mais je ne me croirai délivré de celui que je quite qu'après l'avoir déposé dans vos mains. O vous qui l'avez vû naître, recevez ses derniers soupirs!

L'euf-

L'euffiez-vous jamais penfé? le moment de ma vie où je fus le plus content de moi-même fut celui où je me féparai de vous. Revenu de mes longs égaremens, je fixois à cet inftant la tardive époque de mon retour à mes devoirs. Je commençois à payer enfin les immenfes dettes de l'amitié en m'arrachant d'un féjour fi chéri pour fuivre un bienfaiteur, un fage, qui feignant d'avoir befoin de mes foins, mettoit le fucçès des fiens à l'épreuve. Plus ce départ m'étoit douloureux, plus je m'honorois d'un pareil facrifice. Après avoir perdu la moitié de ma vie à nourrir une paffion malheureufe, je confacrois l'autre à la juftifier, à rendre par mes vertus un plus digne hommage à celle qui reçût fi longtems tous ceux de mon cœur. Je marquois hautement le premier de mes jours où je ne faifois rougir de moi, ni vous, ni elle, ni rien de tout ce qui m'étoit cher.

L 4

Mi-

Milord Edouard avoit craint l'attendriſſement des adieux, & nous voulions partir ſans être apperçûs: mais tandis que tout dormoit encore, nous ne pûmes tromper votre vigilante amitié. En appercevant votre porte entre-ouverte & votre femme de chambre au guet, en vous voyant venir au devant de nous, en entrant & trouvant une table à thé préparée, le raport des circonſtances me fit ſonger à d'autres tems, & comparant ce départ à celui dont il me rappeloit l'idée, je me ſentis ſi différent de ce que j'étois alors, que me félicitant d'avoir Edouard pour témoin de ces différences, j'eſpérai bien lui faire oublier à Milan l'indigne ſcene de Beſançon. Jamais je ne m'étois ſenti tant de courage; je me faiſois une gloire de vous le montrer; je me parois auprès de vous de cette fermeté que vous ne m'aviez jamais vue, & je me glorifiois en vous quitant de

paroiparoître un moment à vos yeux tel que j'allois être. Cette idée ajoûtoit à mon courage, je me fortifiois de votre estime, & peut-être vous eussai-je dit adieu d'un œil sec, si vos larmes coulant sur ma joue n'eussent forcé les miennes de s'y confondre.

Je partis le cœur plein de tous mes devoirs, pénétré sur tout de ceux que votre amitié m'impose, & bien résolu d'employer le reste de ma vie à la mériter. Edouard passant en revue toutes mes fautes, me remit devant les yeux un tableau qui n'étoit pas flatté, & je connus par sa juste rigueur à blâmer tant de foiblesses, qu'il craignoit peu de les imiter. Cependant il feignoit d'avoir cette crainte; il me parloit avec inquiétude de son voyage de Rome & des indignes attachemens qui l'y rappelloient malgré lui; mais je jugeai facilement qu'il augmentoit ses propres dangers pour m'en occu-

L 5

per davantage, & m'éloigner d'autant
plus de ceux auxquels j'étois expofé.

Comme nous approchions de Villeneuve, un laquais qui montoit un mauvais
cheval fe laiffa tomber & fe fit une légere contufion à la tête. Son maitre le fit
faigner & voulut coucher là cette nuit.
Ayant diné de bonne heure, nous primes
des chevaux pour aller à Bex voir la Sa-
line, & Milord ayant des raifons parti-
culieres qui lui rendoient cet examen intéreffant, je pris les mefures & le deffein
du bâtiment de graduation; nous ne ren-
trames à Villeneuve qu'à la nuit. Après
le foupé, nous caufames en buvant du
punch, & veillames affés tard. Ce fut
alors qu'il m'apprit quels foins m'étoient
confiés, & ce qui avoit été fait pour
rendre cet arrangement pratiquable. Vous
pouvez juger de l'effet que fit fur moi
cette nouvelle; une telle converfation n'a-
menoit pas le fommeil. Il falut pourtant
enfin fe coucher.   En

En entrant dans la chambre qui m'é-
toit deſtinée, je la reconnus pour la même que j'avois occupée autrefois en al-
lant à Sion. A cet aſpect, je ſentis une
impreſſion que j'aurois peine à vous rendre. J'en fus ſi vivement frappé que je
crus redevenir à l'inſtant tout ce que j'é-
tois alors: Dix années s'effacerent de ma
vie & tous mes malheurs furent oubliés.
Hélas! cette erreur fut courte, & le ſe-
cond inſtant me rendit plus accablant le
poids de toutes mes anciennes peines.
Quelles triſtes réflexions ſuccederent à
ce premier enchantement! Quelles com-
paraiſons douloureuſes s'offrirent à mon
eſprit! Charmes de la premiere jeuneſſe,
délices des premieres amours, pourquoi
vous retracer encore à ce cœur accablé
d'ennuis & ſurchargé de lui-même? O
tems, tems heureux, tu n'es plus! J'ai-
mois, j'étois aimé. Je me livrois dans
la paix de l'innocence aux tranſports

L 6

d'un

d'un amour partagé: Je favourois à longs
traits le délicieux fentiment qui me faifoit vivre: La douce vapeur de l'efpé-
rance enivroit mon cœur. Une extafe,
un raviffement, un délire abforboit toutes mes facultés: Ah! fur les rochers de
Meillerie, au milieu de l'hiver & des
glaces, d'affreux abîmes devant les yeux,
quel être au monde jouïffoit d'un fort
comparable au mien? .... & je pleurois!
& je me trouvois à plaindre! & la trif-
teffe ofoit aprocher de moi! .... que fe-
rai-je donc aujourd'hui que j'ai tout pof-
fédé, tout perdu? .... J'ai bien mérité
ma mifere, puifque j'ai fi peu fenti mon
bonheur! .... je pleurois alors? .... tu
pleurois? .... Infortuné, tu ne pleu-
res plus ...'. tu n'as pas même le droit
de pleurer .... Que n'eft-elle morte!
ofai-je m'écrier dans un tranfport de
rage; oui, je ferois moins malheureux:
j'oferois me livrer à mes douleurs;
j'em-

j'embrasserois sans remords sa froide tombe, mes regrets seroient dignes d'elle; je dirois; elle entend mes cris, elle voit mes pleurs, mes gémissemens la touchent, elle approuve & reçoit mon pur hommage …… j'aurois au moins l'espoir de la rejoindre …… Mais elle vit; elle est heureuse! …… elle vit, & sa vie est ma mort, & son bonheur est mon supplice, & le Ciel après me l'avoir arrachée, m'ôte jusqu'à la douceur de la regretter! …… elle vit, mais non pas pour moi; elle vit pour mon desespoir. Je suis cent fois plus loin d'elle que si elle n'étoit plus.

Je me couchai dans ces tristes idées: Elles me suivirent durant mon sommeil, & le remplirent d'images funebres. Les ameres douleurs, les regrets, la mort se peignirent dans mes songes, & tous les maux que j'avois soufferts reprenoient à mes yeux cent formes nouvelles, pour

me

me tourmenter une seconde fois. Un
rêve sur tout, le plus cruel de tous,
s'obstinoit à me poursuivre, & de phantôme en phantôme, toutes leurs appa-
ritions confuses finissoient toujours par
celui-là.

Je crus voir la digne mere de votre a-
mie, dans son lit expirante, & sa fille à
genoux devant elle, fondant en larmes,
baisant ses mains & recueillant ses derniers soupirs. Je revis cette scene que
vous m'avez autrefois dépeinte, & qui ne
sortira jamais de mon souvenir. O ma
mere, disoit Julie d'un ton à me navrer
l'ame, celle qui vous doit le jour vous
l'ôte! Ah! reprenez votre bienfait, sans
vous il n'est pour moi qu'un don funeste.
Mon enfant, répondit sa tendre mere, ...
il faut remplir son sort .... Dieu est juste .... tu seras mere à ton tour .... elle
ne put achever.... Je voulus lever les
yeux sur elle; je ne la vis plus. Je vis
Julie

Où veux-tu fuir ? le fantome est dans ton cœur.

Julie à sa place; je la vis, je la reconnus, quoique son visage fut couvert d'un voile. Je fais un cri; je m'élance pour écarter le voile ; je ne pus l'atteindre ; j'étendois les bras, je me tourmentois & ne touchois rien. Ami, calme toi; me dit - elle d'une voix foible. Le voile redoutable me couvre , nulle main ne peut l'écarter. A ce mot, je m'agite & fais un nouvel effort; cet effort me réveille: je me trouve dans mon lit, accablé de fatigue, & trempé de sueur & de larmes.

Bientôt ma frayeur se dissipe, l'épuisement me rendort ; le même songe me rend les mêmes agitations; je m'éveille, & me rendors une troisieme fois. Toujours ce spectacle lugubre , toujours ce même appareil de mort; toujours ce voile impénétrable échape à mes mains & dérobe à mes yeux l'objet expirant qu'il couvre.

A ce dernier réveil ma terreur fut si

forte

forte que je ne la pus vaincre étant é-
veillé. Je me jette à bas de mon lit,
fans favoir ce que je faifois. Je me mets
à errer par la chambre, effrayé comme
un enfant des ombres de la nuit, croyant me voir environné de phantômes,
& l'oreille encore frappée de cette voix
plaintive dont je n'entendis jamais le fon
fans émotion. Le crepufcule en commençant d'éclairer les objets, ne fit que les
transformer au gré de mon imagination
troublée. Mon effroi redouble & m'ôte
le jugement: après avoir trouvé ma porte avec peine, je m'enfuis de ma chambre; j'entre brufquement dans celle d'E-
douard: J'ouvre fon rideau & me laiffe
tomber fur fon lit en m'écriant hors d'haleine: C'en eft fait, je ne la verrai plus!.
Il s'éveille en furfaut, il faute à fes armes, fe croyant furpris par un voleur.
A l'inftant, il me reconnoit; je me re-
connois moi-même, & pour la feconde

fois.

fois de ma vie, je me vois devant lui dans la confufion que vous pouvez concevoir.

Il me fit affeoir, me remettre & parler. Sitôt qu'il fut dequoi il s'agiffoit, il voulut tourner la chofe en plaifanterie ; mais voyant que j'étois vivement frappé, & que cette impreffion ne feroit pas facile à détruire, il changea de ton. Vous ne méritez ni mon amitié ni mon eftime, me dit-il affés durement ; fi j'avois pris pour mon laquais le quart des foins que j'ai pris pour vous, j'en aurois fait un homme ; mais vous n'êtes rien. Ah ! lui dis-je, il eft trop vrai. Tout ce que j'avois de bon me venoit d'elle : je ne la reverrai jamais ; je ne fuis plus rien. Il fourit, & m'embraffa. Tranquilifez-vous aujourd'hui, me dit-il, demain vous ferez raifonnable. Je me charge de l'evenement. Aprés cela, changeant de converfation, il me propofa de partir. J'y

con-

confentis, on fit mettre les chevaux, nous nous habillames: En entrant dans la chaife, Milord dit un mot à l'oreille au poftillon, & nous partimes.

Nous marchions fans rien dire. J'étois fi occupé de mon funefte rêve que je n'entendois & ne voyois rien. Je ne fis pas même attention que le lac, qui la veille étoit à ma droite, étoit maintenant à ma gauche. Il n'y eut qu'un bruit de pavé qui me tira de ma létargie, & me fit appercevoir, avec un étonnement facile à comprendre, que nous rentrions dans Clarens. A trois cent pas de la grille Milord fit arrêter, & me tirant à l'écart, vous voyez, me dit·il, mon projet; il n'a pas befoin d'explication. Alez, vifionnaire, ajouta-t-il en me ferrant la main; alez la revoir. Heureux de ne montrer vos folies qu'à des gens qui vous aiment! Hatez-vous, je vous attends; mais fur tout ne revenez

qu'aqu'après avoir déchiré ce fatal voile tiffu dans votre cerveau.

Qu'aurois-je dit? Je partis fans répondre. Je marchois d'un pas précipité que la réflexion ralentit en approchant de la maifon. Quel perfonage alois-je faire? Comment ofer me montrer? De quel prétexte couvrir ce retour imprévu? Avec quel front irois-je alléguer mes ridicules terreurs, & fupporter le regard méprifant du généreux Wolmar? Plus j'approchois, plus ma frayeur me paroiffoit puérile, & mon extravagance me faifoit pitié. Cependant un noir preffentiment m'agitoit encore, & je ne me fentois point raffuré. J'avançois toujours quoique lentement, & j'étois déja près de la cour, quand j'entendis ouvrir & refermer la porte de l'Elifée. N'en voyant fortir perfonne, je fis le tour en dehors, & j'allai par le rivage cotoyer la voliere autant qu'il me fut poffible. Je ne tardai pas de juger qu'on en
ap-

approchoit. Alors prêtant l'oreille, je vous entendis parler toutes deux, &, sans qu'il me fut possible de distinguer un seul mot, je trouvai dans le son de votre voix je ne sais quoi de languissant & de tendre qui me donna de l'émotion, & dans la sienne un accent affectueux & doux à son ordinaire, mais paisible & serein, qui me remit à l'instant, & qui fit le vrai réveil de mon rêve.

Sur le champ je me sentis tellement changé, que je me moquai de moi-même & de mes vaines allarmes. En songeant que je n'avois qu'une haye & quelques buissons à franchir pour voir pleine de vie & de santé celle que j'avois cru ne revoir jamais, j'abjurai pour toujours mes craintes, mon effroi, mes chimeres, & je me déterminai sans peine à repartir, même sans la voir. Claire, je vous le jure, non seulement je ne la vis point; mais je m'en retournai fier de ne l'avoir

point

point vue, de n'avoir pas été foible &
crédule jufqu'au bout, & d'avoir au moins
rendu cèt honneur à l'ami d'Edouard, de
le mettre au deſſus d'un ſonge.

Voila, chere Couſine, ce que j'avois
à vous dire & le dernier aveu qui me
reſtoit à vous faire. Le détail du reſte
de notre voyage n'a plus rien d'intéreſ-
ſant ; il me ſuffit de vous proteſter que
depuis lors non ſeulement Milord eſt content de moi; mais que je le ſuis encore
plus moi-même qui ſens mon entiere gue-
riſon, bien mieux qu'il ne la peut voir.
De peur de lui laiſſer une défiance inutile, je lui ai caché que je ne vous avois
point vues. Quand il me demanda ſi le
voile étoit levé, je l'affirmai ſans balancer, & nous n'en avons plus parlé. Oui,
Couſine, il eſt levé pour jamais, ce voile dont ma raiſon fut longtems offuſquée.
Tous mes tranſports inquiets ſont éteints.
Je vois tous mes devoirs & je les aime.

Vous

Vous m'êtes toutes deux plus cheres que jamais; mais mon cœur ne diftingue plus l'une de l'autre, & ne fépare point les inféparables.

Nous arrivames avant hier à Milan. Nous en repartons après demain. Dans huit jours nous comptons être à Rome, & j'efpere y trouver de vos nouvelles en arrivant. Qu'il me tarde de voir ces deux étonantes perfonnes qui troublent depuis fi longtems le repos du plus grand des hommes. O Julie! ô Claire! il faudroit votre égale pour mériter de le rendre heureux.

LETTRE X.

Réponse de Mad^e. d'Orbe.

NOus attendions tous de vos nouvelles avec impatience, & je n'ai pas besoin de vous dire combien vos lettres ont fait de plaisir à la petite communauté: mais ce que vous ne devinerez pas de même, c'est que de toute la maison je suis peut-être celle qu'elles ont le moins réjouie. Ils ont tous appris que vous aviez heureusement passé les Alpes; moi, j'ai songé que vous étiez au delà.

A l'égard du détail que vous m'avez fait, nous n'en avons rien dit au Baron, & j'en ai passé à tout le monde quelques soliloques fort inutiles. M. de Wolmar a eu l'honnêteté de ne faire que se moquer de vous: Mais Julie n'a pu se rappeller les derniers momens de sa mere

sans

fans de nouveaux regrets & de nouvelles larmes. Elle n'a remarqué de votre
rêve que ce qui raminoit fes douleurs.

Quant à moi, je vous dirai, mon cher
Maitre, que je ne fuis plus furprife de
vous voir en continuelle admiration de
vous même, toujours achevant quelque
folie, & toujours commençant d'être fage: car il y a longtems que vous paffez
votre vie à vous reprocher le jour de
la veille, & à vous applaudir pour le
lendemain.

Je vous avoue auffi que ce grand effort de courage, qui, fi près de nous
vous a fait retourner comme vous étiez
venu, ne me paroit pas auffi merveilleux
qu'à vous. Je le trouve plus vain que
fenfé, & je crois qu'à tout prendre j'aimerois autant moins de force avec un
peu plus de raifon. Sur cette maniere
de vous en aler pourroit-on vous demander ce que vous êtes venu faire? Vous

avez

avez eu honte de vous montrer, & c'é-
toit de n'ofer vous montrer qu'il faloit
avoir honte ; comme fi la douceur de
voir fes amis n'effaçoit pas cent fois le
petit chagrin de leur raillerie! N'étiez-
vous pas trop heureux de venir nous offrir votre air effaré pour nous faire rire ? Hébien donc, je ne me fuis pas
moquée de vous alors; mais je m'en mo-
que tant plus aujourd'hui ; quoique n'a-
yant pas le plaifir de vous mettre en colere, je ne puiffe pas rire de fi bon cœur.

Malheureufement, il y a pis encore;
C'eft que j'ai gagné toutes vos terreurs
fans me raffurer comme vous. Ce rêve
a quelque chofe d'effrayant qui m'inquiet-
té & m'attrifte malgré que j'en aye. En
lifant votre lettre, je blamois vos agitations ; en la finiffant, j'ai blâmé votre fécurité. L'on ne fauroit voir à
la fois pourquoi vous étiez fi ému, &
pourquoi vous êtes devenu fi tranquille.

Par quelle bizarrerie avez-vous gardé les plus triftes preffentimens jufqu'au moment où vous avez pu la détruire & ne l'avez pas voulu. Un pas, un gefte, un mot, tout étoit fini. Vous vous étiez allarmé fans raifon, vous vous êtes raffuré de même; mais vous m'avez tranfmis la frayeur que vous n'avez plus, & il fe trouve qu'ayant eu de la force une feule fois en votre vie, vous l'avez eue à mes dépends. Depuis votre fatale lettre un ferrement de cœur ne m'a pas quitée; je n'approche point de Julie fans trembler de la perdre. A chaque inftant je crois voir fur fon vifage la pâleur de la mort, & ce matin la preffant dans mes bras, je me fuis fentie en pleurs fans favoir pourquoi. Ce voile! Ce voile! .... Il a je ne fais quoi de finiftre qui me trouble chaque fois que j'y penfe. Non, je ne puis vous pardonner d'avoir pu l'écarter fans l'avoir fait, & j'ai bien

peur

peur de n'avoir plus déformais un moment de contentement que je ne vous revoye auprès d'elle. Convenez auſſi qu'après avoir ſi longtems parlé de philoſophie, vous vous êtes montré philoſophe à la fin bien mal-à-propos. Ah! rêvez, & voyez vos amis ; cela vaut mieux que de les fuir & d'être un ſage.

Il paroît par la Lettre de Milord à M. de Wolmar qu'il ſonge ſérieuſement à venir s'établir avec nous. Sitôt qu'il aura pris ſon parti là-bas, & que ſon cœur ſera décidé, revenez tous deux heureux & fixés; c'eſt le vœu de la petite communauté, & ſurtout celui de votre amie,

Claire d'Orbe.

P. S. Au reſte, s'il eſt vrai que vous n'avez rien entendu de notre converſation dans l'éliſée, c'eſt peut-être tant mieux pour vous; car vous

M 2

me

me ſavez aſſés alerte pour voir les gens ſans qu'ils m'apperçoivent, & aſſés maligne pour perſifler les écouteurs.

L E T T R E XI.

Réponse de M. de Wolmar.

J'Ecris à Milord Edouard, & je lui parle de vous si au long, qu'il ne me reste en vous écrivant à vous-même qu'à vous renvoyer à sa lettre. La votre exigeroit peut-être de ma part un retour d'honnêtetés ; mais vous appeller dans ma famille ; vous traitter en frere, en ami, faire votre sœur de celle qui fut votre amante ; vous remettre l'autorité paternelle sur mes enfans ; vous confier mes droits après avoir usurpé les votres ; voila les complimens dont je vous ai cru digne. De votre part, si vous justifiez ma conduite & mes soins, vous m'aurez assés loué. J'ai tâché de vous honorer par mon estime, honorez-moi par vos

 ver-

vertus. Tout autre éloge doit être banni d'entre nous.

Loin d'être surpris de vous voir frappé d'un songe, je ne vois pas trop pourquoi vous vous reprochez de l'avoir été. Il me semble que pour un homme à sistêmes ce n'est pas une si grande affaire qu'un rêve de plus.

Mais ce que je vous reprocherois volontiers, c'est moins l'effet de votre songe que son espece, & cela par une raison fort différente de celle que vous pourriez penser. Un Tiran fit autrefois mourir un homme qui dans un songe avoit cru le poignarder. Rappellez-vous la raison qu'il donna de ce meurtre, & faites vous en l'application. Quoi! vous alez décider du fort de votre ami & vous songez à vos anciennes amours! sans les conversations du soir précédent, je ne vous pardonnerois jamais ce rêve-là. Pensez le jour à ce que vous alez faire à Rome,

Rome, vous fongerez moins la nuit à ce qui s'eſt fait à Vevai.

La Fanchon eſt malade; cela tient ma femme occupée & lui ôte le tems de vous écrire. Il y a ici quelqu'un qui ſupplée volontiers à ce ſoin. Heureux jeune homme! Tout conſpire à vôtre bonheur: tous les prix de la vertu vous recherchent pour vous forcer à les mériter. Quant à celui de mes bienfaits n'en chargez perſonne que vous même; c'eſt de vous ſeul que je l'attends.

LETTRE XII.

A M. de Wolmar.

QUe cette Lettre demeure entre vous & moi. Qu'un profond secret cache à jamais les erreurs du plus vertueux des hommes. Dans quel pas dangereux je me trouve engagé ? O mon sage & bienfaisant ami ! que n'ai-je tous vos conseils dans la mémoire, comme j'ai vos bontés dans le cœur ! Jamais je n'eus si grand besoin de prudence, & jamais la peur d'en manquer ne nuisit tant au peu que j'en ai. Ah ! où sont vos soins paternels, où sont vos leçons, vos lumieres ? Que deviendrai-je sans vous ? Dans ce moment de crise, je donnerois tout l'espoir de ma vie pour vous avoir ici, durant huit jours.

Je me suis trompé dans toutes mes

con-

conjectures; Je n'ai fait que des fautes jufqu'à ce moment. Je ne redoutois que la Marquife. Après l'avoir vue, effrayé de fa beauté, de fon addreffe, je m'efforçois d'en détacher tout-à-fait l'ame noble de fon ancien amant. Charmé de le ramener du côté d'où je ne voyois rien à craindre, je lui parlois de Laure avec l'eftime & l'admiration qu'elle m'avoit infpirée; en relâchant fon plus fort attachement par l'autre, j'efpérois les rompre enfin tous les deux.

Il fe prêta d'abord à mon projet; il outra même la complaifance, & voulant peut-être punir mes importunités par un peu d'allarmes, il affecta pour Laure encore plus d'empreffement qu'il ne croyoit en avoir. Que vous dirai-je aujourd'hui? fon empreffement eft toujours le même, mais il n'affecte plus rien. Son cœur épuifé par tant de combats s'eft trouvé dans un état de foibleffe dont elle a profité. Il feroit difficile à tout autre de feindre longtems de l'amour auprès d'elle, jugez pour l'objet même de la paffion qui la confume. En vérité, l'on ne peut voir cette infortunée fans être touché de fon air & de fa figure; une impreffion de langueur & d'abatement qui ne quite point fon charmant vifage, en éteignant la vivacité de fa phifionomie, la rend plus intéreffante, & comme les rayons du foleil échapés à travers les nuages, fes yeux ternis par la douleur lancent des feux plus piquans. Son humiliation même a toutes les graces de la modeftie: en la voyant on la plaint, en l'écoutant on l'honore; enfin je dois dire à la juf-tification de mon ami que je ne connois que deux hommes au monde qui puif-fent refter fans rifque auprès d'elle.

Il s'égare, ô Wolmar! je le vois, je le fens; je vous l'avoue dans l'amertume de mon cœur. Je frémis en fongeant

juf-

jufqu'où fon égarement peut lui faire oublier ce qu'il eft & ce qu'il fe doit. Je tremble que cet intrépide amour de la vertu, qui lui fait méprifer l'opinion publique, ne le porte à l'autre extrémité, & ne lui faffe braver encore les loix facrées de la décence & de l'honnêteté. Edouard Bomfton faire un tel mariage! ..... vous concevez!..... fous les yeux de fon ami!..... qui le permet!..... qui le fouffre!..... & qui lui doit tout!.... Il faudra qu'il m'arrache le cœur de fa main avant de la profaner ainfi.

Cependant, que faire? Comment me comporter? Vous connoiffez fa violence. On ne gagne rien avec lui par les difcours, & les fiens depuis quelque tems ne font pas propres à calmer mes craintes. J'ai feint d'abord de ne pas l'entendre. J'ai fait indirectement parler la raifon en maximes générales: à fon tour il ne m'entend point. Si j'effaye de

le

le toucher un peu plus au vif, il répond des sentences, & croit m'avoir
réfuté. Si j'insiste, il s'emporte, il prend
un ton qu'un ami devroit ignorer, & auquel l'amitié ne fait point répondre. Cro-
yez que je ne suis en cette occasion ni
craintif, ni timide ; quand on est dans
son devoir, on n'est que trop tenté d'être
fier ; mais il ne s'agit pas ici de fierté, il
s'agit de réussir, & de fausses tentatives
peuvent nuire aux meilleurs moyens. Je
n'ose presque entrer avec lui dans aucune discussion ; car je sens tous les jours
la vérité de l'avertissement que vous m'a-
vez donné, qu'il est plus fort que moi de
raisonnement, & qu'il ne faut point l'en-
flammer par la dispute.

Il paroit d'ailleurs un peu réfroidi pour
moi. On diroit que je l'inquiéte. Combien avec tant de supériorité à tous égards
un homme est rabbaissé par un moment
de foiblesse ! Le grand, le sublime E-
douard

douard a peur de son ami, de sa créatu-
re, de son élève! Il semble même, par
quelques mots jettés sur le choix de son
séjour s'il ne se marie pas, vouloir tenter
ma fidélité par mon intérêt. Il sait bien
que je ne dois ni ne veux le quiter. O
Wolmar, je ferai mon devoir & suivrai
partout mon bienfaiteur. Si j'étois lâche
& vil, que gagnerois-je à ma perfidie?
Julie & son digne époux confieroient-
ils leurs enfans à un traître?

Vous m'avez dit souvent que les petites passions ne prennent jamais le change & vont toujours à leur fin ; mais
qu'on peut armer les grandes contre elles-mêmes. J'ai cru pouvoir ici faire u-
sage de cette maxime. En effet, la com-
passion, le mépris des préjugés, l'habitude, tout ce qui détermine Edouard en
cette occasion, échape à force de peti-
tesse & devient presque inattaquable. Au

M. 7

lieu

lieu que le véritable amour eſt inſéparable de la généroſité, & que par elle on a toujours ſur lui quelque priſe. J'ai tenté cette voye indirecte, & je ne deſeſpere pas du ſuccès. Ce moyen paroit cruel ; je ne l'ai pris qu'avec répugnance. Cependant, tout bien peſé, je crois rendre ſervice à Laure elle-même. Que feroit - elle dans l'état auquel elle peut monter, qu'y montrer ſon ancienne ignominie ? Mais qu'elle peut être grande, en demeurant ce qu'elle eſt ! Si je connois bien cette étrange fille, elle eſt faite pour jouïr de ſon ſacrifice, plus que du rang qu'elle doit refuſer.

Si cette reſſource me manque, il m'en reſte une de la part du gouvernement à cauſe de la Religion ; mais ce moyen ne doit être employé qu'à la derniére extrémité & au défaut de tout autre : quoiqu'il en ſoit, je n'en veux épargner

aucun

aucun pour prévenir une alliance indigne & deshonnête. O respectable Wolmar! je suis jaloux de votre estime durant tous les momens de ma vie: Quoi que puisse vous écrire Edouard, quoi que vous puissiez entendre dire, souvenez-vous qu'à quelque prix que ce puisse être, tant que mon cœur battra dans ma poitrine, jamais *Lauretta Pisana* ne sera Ladi Bomston.

Si vous approuvez mes mesures, cette Lettre n'a pas besoin de réponse. Si je me trompe, instruisez-moi. Mais hâtez-vous, car il n'y a pas un moment à perdre. Je ferai mettre l'addresse par une main étrangere. Faites de même en me répondant. Après avoir examiné ce qu'il faut faire, brulez ma lettre & oubliez ce qu'elle contient. Voici le premier & le seul secret que j'aurai eu de ma vie à cacher aux deux Cousines: si j'osois

j'ofois me fier davantage à mes lumieres, vous-même n'en fauriez jamais
rien (*).

(*). Pour bien entendre cette lettre & la 3e.
de la VIe. partie, il faudroit favoir les avantures
de Milord Edouard; & j'avois d'abord réfolu
de les ajoûter à ce récueil. En y repenfant,
je n'ai pu me refoudre à gâter la fimplicité de
l'hiftoire des deux amans par le romanefque de
la fienne. Il vaut mieux laiffer quelque chofe
à deviner au lecteur.

L E T T R E XIII.

De Mad. de Wolmar à Mad. d'Orbe.

LE Courrier d'Italie sembloit n'attendre pour arriver que le moment de ton départ, comme pour te punir de ne l'avoir différé qu'à cause de lui. Ce n'est pas moi qui ai fait cette jolie découverte; c'est mon mari qui a remarqué qu'ayant fait mettre les chevaux à huit heures, tu tardas de partir jusqu'à onze, non pour l'amour de nous, mais après avoir demandé vingt fois s'il en étoit dix, parce que c'est ordinairement l'heure où la poste passe.

'Tu es prise, pauvre Cousine, tu ne peux plus t'en dédire. Malgré l'augure de la Chaillot, cette Claire si folle, ou plutôt si sage, n'a pu l'être jusqu'au bout; te voila dans les mêmes las (*) dont tu pris tant de peine à me dégager, & tu n'as pu conserver pour toi la liberté que tu m'as rendue. Mon tour de rire est-il donc venu? Chere amie, il faudroit avoir ton charme & tes graces pour savoir plaisanter comme toi, & donner à la raillerie elle-même l'accent tendre & touchant des caresses. Et puis, quelle différence entre nous! De quel front pourrois-je me jouer d'un mal dont je suis la cause & que tu t'es fait pour me l'ôter. Il n'y a pas un sentiment dans ton cœur qui n'offre au mien quelque sujet de reconnoissance, & tout jusqu'à ta foiblesse est en toi l'ouvrage de ta vertu. C'est cela même qui me console & m'égaye. Il faloit me plaindre & pleurer de mes fautes; mais on peut se moquer de

la

___

(*) Je n'ai pas voulu laisser *lacs*, à cause de la prononciation génevoise remarquée par Made. d'Orbe. VIe. partie; lettre V. p. 64.

la mauvaife honte qui te fait rougir d'un attachement auffi pur que toi.

Revenons au Courrier d'Italie, & laiffons un moment les moralités. Ce feroit trop abufer de mes anciens titres; car il eft permis d'endormir fon auditoire, mais non pas de l'impatienter. Hébien donc, ce Courrier que je fais fi lentement arriver, qu'a-t-il apporté? Rien que de bien fur la fanté de nos amis, & de plus une grande Lettre pour toi. Ah bon! je te vois déja fourire & reprendre haleine; la lettre venue te fait attendre plus patiemment ce qu'elle contient.

Elle a pourtant bien fon prix encore, même après s'être fait défirer; car elle refpire une fi .... mais je ne veux te parler que de nouvelles, & fûrement ce que j'allois dire n'en eft pas une.

Avec cette Lettre, il en eft venu une autre de Milord Edouard pour mon mari, & beaucoup d'amitiés pour nous.
Celle-

Celle-ci contient véritablement des nouvelles, & d'autant moins attendues que
la premiere n'en dit rien. Ils devoient
le lendemain partir pour Naples, où Milord a quelques affaires, & d'où ils iront
voir le Vésuve. ...... Conçois-tu, ma
chere, ce que cette vue a de si attra-
yant? Revenus à Rome, Claire, pense,
imagine .... Edouard est sur le point d'é-
pouser .... non, grace au Ciel cette indigne Marquise; il marque, au contraire,
qu'elle est fort mal. Qui donc?.... Laure, l'aimable Laure; qui .... mais pourtant .... quel mariage!.... Notre ami
n'en dit pas un mot. Aussi-tôt après ils
partiront tous trois, & viendront ici prendre leurs derniers arrangemens. Mon
mari ne m'a pas dit quels; mais il compte toujours que St. Preux nous restera.

Je t'avoue que son silence m'inquiéte
un peu. J'ai peine à voir clair dans tout
cela. J'y trouve des situations bizarres,

&

& des jeux du cœur humain qu'on n'entend gueres. Comment un homme aussi vertueux a-t-il pu se prendre d'une passion si durable pour une aussi méchante femme que cette Marquise ? Comment elle même avec un caractere violent & cruel a-t-elle pu concevoir & nourrir un amour aussi vif pour un homme qui lui ressembloit si peu ; si tant est cependant qu'on puisse honorer du nom d'amour une fureur capable d'inspirer des crimes ? Comment un jeune cœur aussi généreux, aussi tendre, aussi desintéressé que celui de Laure a-t-il pu supporter ses premiers desordres ? Comment s'en est-il rétiré par ce penchant trompeur fait pour égarer son sexe, & comment l'amour qui perd tant d'honnêtes femmes a-t-il pu venir à bout d'en faire une ? Di-moi, ma Claire, desunir deux cœurs qui s'aimoient sans se convenir ; joindre ceux qui se convenoient sans s'entendre ; faire triompher l'amour

de

de l'amour-même; du sein du vice & de l'opprobre tirer le bonheur & la vertu; délivrer son ami d'un monstre en lui créant, pour ainsi dire, une compagne.... infortunée, il est vrai, mais aimable, honnête même, au moins si, comme je l'ose croire, on peut le redevenir : Di; celui qui auroit fait tout cela seroit-il coupable? celui qui l'auroit souffert seroit-il à blâmer?

Ladi Bomston viendra donc ici? Ici, mon ange? Qu'en penses-tu? Après tout, quel prodige ne doit pas être cette étonante fille que son éducation perdit, que son cœur a sauvée, & pour qui l'amour fut la route de la vertu? Qui doit plus l'admirer que moi qui fis tout le contraire, & que mon penchant seul égara, quand tout concouroit à me bien conduire? Je m'avilis moins, il est vrai; mais me suis-je élevée comme elle? Ai-je évité tant de pieges & fait tant de sacrifices?

ces? Du dernier degré de la honte elle a sû remonter au premier degré de l'honneur; elle est plus respectable cent fois que si jamais elle n'eut été coupable. Elle est sensible & vertueuse: que lui faut-il de plus pour nous ressembler? S'il n'y a point de retour aux fautes de la jeunesse, quel droit ai-je à plus d'indulgence, devant qui dois-je espérer de trouver grace, & à quel honneur pourrois-je prétendre en refusant de l'honorer?

Hébien, Cousine, quand ma raison me dit cela, mon cœur en murmure, &, sans que je puisse expliquer pourquoi, j'ai peine à trouver bon qu'Edouard ait fait ce mariage, & que son ami s'en soit mêlé. O l'opinion, l'opinion! Qu'on a de peine à sécouer son joug! Toujours elle nous porte à l'injustice: le bien passé s'efface par le mal présent; le mal passé ne s'effacera-t-il jamais par aucun bien? J'ai

J'ai laiſſé voir à mon mari mon in-quiétude ſur la conduite de St. Preux dans cette affaire. Il ſemble, ai-je dit, avoir honte d'en parler à ma Couſine. Il eſt incapable de lâcheté, mais il eſt foi-ble .... trop d'indulgence pour les fautes d'un ami .... Non, m'a-t-il dit; il a fait ſon devoir; il le fera, je le ſais; je ne puis rien vous dire de plus: mais St. Preux eſt un honnête garçon. Je réponds de lui, vous en ſerez contente .... Clai-re, il eſt impoſſible que Wolmar me trompe, & qu'il ſe trompe. Un diſcours ſi poſitif m'a fait rentrer en moi-même: j'ai compris que tous mes ſcrupules ne venoient que de fauſſe délicateſſe, & que ſi j'étois moins vaine & plus équitable, je trouverois Ladi Bomſton plus digne de ſon rang.

Mais laiſſons un peu Ladi Bomſton & revenons à nous. Ne ſens-tu point trop en liſant cette lettre que nos amis revien-
dront

dront plutôt qu'ils n'étoient attendus, &
le cœur ne te dit il rien? Ne bat-il point
à préfent plus fort qu'à l'ordinaire, ce
cœur trop tendre & trop femblable au
mién? Ne fonge-t-il point au danger de
vivre familierément avec un objet chéri?
de le voir tous les jours? de loger fous
le même toit? & fi mes erreurs ne m'o-
terent point ton eftime, mon exemple ne
te fait-il rien craindre pour toi? Combien
dans nos jeunes ans la raifon, l'amitié,
l'honneur t'infpirerent pour moi de craintes que l'aveugle amour me fit méprifer!
C'eft mon tour, maintenant, ma douce
amie, & j'ai de plus pour me faire écouter la trifte autorité de l'expérience. E-
coute-moi donc tandis qu'il eft tems, de
peur qu'après avoir paffé la moitié de ta
vie à déplorer mes fautes, tu ne paffes
l'autre à déplorer les tiennes. Surtout,
ne te fie plus à cette gaité folâtre qui
garde celles qui n'ont rien à craindre, &

perd celles qui font en danger. Claire,
Claire! tu te moquois de l'amour une fois,
mais c'eft parce que tu ne le connoiffois
pas, & pour n'en avoir pas fenti les
traits, tu te croyois au deffus de fes at-
teintes. Il fe vange, & rit à fon tour.
Apprends à te défier de fa traîtreffe joye,
ou crains qu'elle ne te coûte un jour bien
des pleurs. Chere amie, il eft tems de
te montrer à toi-même; car jufqu'ici tu
ne t'es pas bien vue: tu t'es trompée fur
ton caractere, & n'as pas fû t'eftimer ce
que tu valois. Tu t'es fiée aux difcours
de la Chaillot; fur ta vivacité badine elle
te jugea peu fenfible; mais un cœur comme le tien étoit au-deffus de fa portée.
La Chaillot n'étoit pas faite pour te connoitre; perfonne au monde ne t'a bien
connue, excepté moi feule. Notre ami
même a plutôt fenti que vû tout ton prix.
Je t'ai laiffé ton erreur tant qu'elle a pû
t'être utile; à préfent qu'elle te perdroit
il faut te l'ôter.

Tu es vive, & te crois peu fenfible. Pauvre enfant, que tu t'abufes! ta vivacité même prouve le contraire. N'eft-ce pas toujours fur des chofes de fentiment qu'elle s'exerce? N'eft-ce pas de ton cœur que viennent les graces de ton enjoûment? Tes railleries font des fignes d'intérêt plus touchans que les complimens d'un autre; tu careffes quand tu folâtres; tu ris, mais ton rire pénetre l'ame; tu ris, mais tu fais pleurer de tendreffe, & je te vois prefque toujours férieufe avec les indifférens.

Si tu n'étois que ce que tu prétends être, dis-moi ce qui nous uniroit fi fort l'une à l'autre? où feroit entre nous le lien d'une amitié fans exemple? par quel prodige un tel attachement feroit-il venu chercher par préférence un cœur fi peu capable d'attachement? Quoi! celle qui n'a vécu que pour fon amie ne fait pas aimer? Celle qui voulut quiter pere, é-

poux,

poux, parens, & fon pays pour la fuivre ne fait préférer l'amitié à rien? Et qu'ai-je donc fait, moi qui porte un cœur fenfible? Coufine, je me fuis laiffée aimer, & j'ai beaucoup fait, avec toute ma fenfibilité, de te rendre une amitié qui valut la tienne.

Ces contradictions t'ont donné de ton caractere l'idée la plus bizarre qu'une folle comme toi pût jamais concevoir; c'eft de te croire à la fois ardente amie & froide amante. Ne pouvant difconvenir du tendre attachement dont tu te fentois pénétrée, tu crus n'être capable que de celui-là. Hors ta Julie, tu ne penfois pas que rien put t'émouvoir au monde; comme fi les cœurs naturellement fenfibles pouvoient ne l'être que pour un objet, & que, ne fachant aimer que moi, tu m'euffes pû bien aimer moi-même. Tu demandois plaifamment fi l'ame avoit un fexe? Non, mon enfant, l'ame n'a point

de

de fexe ; mais fes affections les diftinguent, & tu commences trop à le fentir.
Parce que le premier amant qui s'offrit
ne t'avoit pas émue, tu crus auffi-tôt ne
pouvoir l'être ; parce que tu manquois
d'amour pour ton foupirant, tu crus n'en
pouvoir fentir pour perfonne. Quand il
fut ton mari tu l'aimas pourtant, & fi
fort, que nôtre intimité même en fouf-
frit ; cette ame fi peu fenfible fût trouver
à l'amour un fupplément encore affés tendre pour fatisfaire un honnête homme.

Pauvre Coufine ! C'eft à toi deformais
de refoudre tes propres doutes, & s'il
eft vrai

Ch' un freddo amante è mal ficuro amico (*).

j'ai grand peur d'avoir maintenant une
raifon

(*) Ce vers eft renverfé de l'original, &,
n'en déplaife aux belles Dames, le fens de l'auteur eft plus véritable & plus beau.

raiſon de trop pour compter ſur toi : mais il faut que j'acheve de te dire là deſſus tout ce que je penſe.

Je ſoupçonne que tu as aimé ſans le ſavoir, bien plutôt que tu ne crois, ou du moins, que le même penchant qui me perdit t'eut ſéduite ſi je ne t'avois prévenue. Conçois-tu qu'un ſentiment ſi naturel & ſi doux puiſſe tarder ſi longtems à naitre ? Conçois-tu qu'à l'âge où nous étions on puiſſe impunément ſe familiariſer avec un jeune homme aimable, ou qu'avec tant de conformité dans tous nos goûts celui-ci ſeul ne nous eut pas été commun ? Non, mon ange, tu l'aurois aimé j'en ſuis ſûre, ſi je ne l'euſſe aimé la premiere. Moins foible & non moins ſenſible, tu aurois été plus ſage que moi ſans être plus heureuſe. Mais quel penchant eut pu vaincre dans ton ame honnête l'horreur de la trahiſon & de l'infidélité ? l'amitié te ſauva des pieges de

l'amour

l'amour; tu ne vis plus qu'un ami dans l'amant de ton amie, & tu rachettas ainfi ton cœur aux dépends du mien.

Ces conjectures ne font pas même fi conjectures que tu penfes, & fi je voulois rappeller des tems qu'il faut oublier, il me feroit aifé de trouver dans l'intérêt que tu croyois ne prendre qu'à moi feule un intérêt non moins vif pour ce qui m'étoit cher. N'ofant l'aimer, tu voulois que je l'aimaffes ; tu jugeas chacun de nous néceffaire au bonheur de l'autre, & ce cœur, qui n'a point d'égal au monde, nous en chérit plus tendrement tous les deux. Sois fûre que fans ta propre foibleffe tu m'aurois été moins indulgente ; mais tu te ferois réprochée fous le nom de jaloufie une jufte févérité. Tu ne te fentois pas en droit de combattre en moi le penchant qu'il eut falu vaincre, & craignant d'être perfide plutôt que fage, en immolant ton bonheur au

notre

notre tu crus avoir affés fait pour la vertu.

Ma Claire, voila ton hiftoire ; voila comment ta tirannique amitié me force à te favoir gré de ma honte, & à te rèmercier de mes torts. Ne croi pas, pourtant, que je veuille t'imiter en cela. Je ne fuis pas plus difpofée à fuivre ton exemple que toi le mien, & comme tu n'as pas à craindre mes fautes, je n'ai plus, grace au Ciel, tes raifons d'indulgence. Quel plus digne ufage ai je à faire de la vertu que tu m'as rendue, que de t'aîder à la conferver ?

Il faut donc te dire encore mon avis fur ton état préfent. La longue abfence de notre maitre n'a pas changé tes difpofitions pour lui. Ta liberté recouvrée, & fon retour ont produit une nouvelle époque dont l'amour a fû profiter. Un nouveau fentiment n'eft pas né dans ton cœur, celui qui s'y cacha fi long-

longtems n'a fait que fe mettre plus à l'aife. Fiere d'ofer te l'avouer à toi-même, tu t'es preffée de me le dire. Cet aveu te fembloit prefque néceffaire pour le rendre tout à fait innocent; en devenant un crime pour ton amie il ceffoit d'en être un pour toi, & peut-être ne t'es-tu livrée au mal que tu comba-tois depuis tant d'années, que pour mieux achever de m'en guérir.

J'ai fenti tout cela, ma chere; je me fuis peu allarmée d'un penchant qui me fervoit de fauvegarde, & que tu n'avois point à te reprocher. Cet hiver que nous avons paffé tous enfemble au fein de la paix & de l'amitié m'a donné plus de confiance encore, en voyant que loin de rien perdre de ta gaité, tu femblois l'avoir augmentée. Je t'ai vue tendre, empreffée, attentive; mais franche dans tes careffes, naïve dans tes jeux, fans miftere, fans rufe en toute chofe, &

N 5

dans

dans tes plus vives agaceries la joye de l'innocence réparoit tout.

Depuis notre entretien de l'élisée je ne suis plus si contente de toi. Je te trouve triste & réveuse. Tu te plais seule autant qu'avec ton amie; tu n'as pas changé de langage mais d'accent; tes plaisanteries sont plus timides; tu n'oses plus parler de lui si souvent; on diroit que tu crains toujours qu'il ne t'écoute, & l'on voit à ton inquiétude que tu attends de ses nouvelles plutôt que tu n'en demandes.

Je tremble, bonne Cousine, que tu ne sentes pas tout ton mal, & que le trait ne soit enfoncé plus avant que tu n'as paru le craindre. Crois-moi, sonde bien ton cœur malade; dis-toi bien, je le repete, si, quelque sage qu'on puisse être, on peut sans risque demeurer longtems avec ce qu'on aime, & si la confiance qui me perdit est tout à fait sans danger

pour

pour toi ; Vous êtes libres tous deux ;
c'eſt préciſément ce qui rend les occaſions plus ſuſpectes. Il n'y a point, dans
un cœur vertueux, de foibleſſe qui cede
au remord, & je conviens avec toi qu'on
eſt toujours aſſés forte contre le crime;
mais hélas ! qui peut ſe garantir d'être
foible ? Cependant, regarde les ſuites, ſonge aux effets de la honte. Il faut s'honorer pour être honorée, comment peut-
on mériter le reſpect d'autrui ſans en a-
voir pour ſoi-même, & où s'arrêtera
dans la route du vice celle qui fait le
premier pas ſans effroi ? Voila ce que je
dirois à ces femmes du monde pour qui
la morale & la religion ne ſont rien, &
qui n'ont de loi que l'opinion d'autrui.
Mais toi, femme vertueuſe & chrétienne;
toi qui vois ton devoir & qui l'aimes;
toi qui connois & ſuis d'autres regles
que les jugemens publics, ton premier
honneur eſt celui que te rend ta conſ-

N 6

cien-

cience, & c'eſt celui-là qu'il s'agit de conferver.

Veux-tu ſavoir quel eſt ton tort en toute cette affaire? C'eſt, je te le redis, de rougir d'un ſentiment honnête que tu n'as qu'à déclarer pour le rendre innocent (*) : mais avec toute ton humeur folâtre, rien n'eſt ſi timide que toi. Tu plaiſantes pour faire la brave, & je vois ton pauvre cœur tout tremblant. Tu fais avec l'amour dont tu feins de rire, comme ces enfans qui chantent la nuit quand ils ont peur. O chere amie ! Souviens-toi de l'avoir dit mille fois; c'eſt la fauſ-ſe honte qui mene à la véritable, & la vertu ne fait rougir que de ce qui eſt mal.

(*) Pourquoi l'Editeur laiſſe-t-il les conti-nuelles répétitions dont cette Lettre eſt pleine, ainſi que beaucoup d'autres? Par une raiſon fort ſimple; c'eſt qu'il ne ſe ſoucie point du tout que ces Lettres plaiſent à ceux qui feront cette queſtion.

mal. L'amour en lui - même eft-il un crime? N'eft - il pas le plus pur ainfi que
le plus doux penchant de la nature?
N'a-t-il pas une fin bonne & louable?
Ne dédaigne-t-il pas les ames baffes &
rempantes? N'anime-t-il pas les ames
grandes & fortes? N'annoblit-il pas tous
leurs fentimens? Ne double-t-il pas leur
être? Ne les éleve-t-il pas au deffus d'elles-mêmes? Ah! fi pour être honnête &
fage, il faut être inacceffible à fes traits,
dis, que refte-t-il pour la vertu fur la
terre? Le rebut de la nature, & les plus
vils des mortels.

Qu'as-tu donc fait que tu puiffes te reprocher? N'as-tu pas fait choix d'un
honnête homme? N'eft-il pas libre? Ne
l'es-tu pas? Ne mérite-t-il pas toute ton
eftime? N'as-tu pas toute la fienne? Ne
feras-tu pas trop heureufe de faire le bonheur d'un ami fi digne de ce nom, de
payer de ton cœur & de ta perfonne les

N 7

an-

anciennes dettes de ton amie, & d'honorer en l'élevant à toi le mérite outragé par la fortune?

Je vois les petits scrupules qui t'arrêtent. Démentir une resolution prise & déclarée, donner un successeur au defunt, montrer sa foiblesse au public, épouser un avanturier; car les ames basses, toujours prodigues de titres flétrissans, sauront bien trouver celui-ci. Voila donc les raisons sur lesquelles tu aimes mieux te reprocher ton penchant que le justifier, & couver tes feux au fond de ton cœur que les rendre légitimes? Mais, je te prie, la honte est-elle d'épouser celui qu'on aime ou de l'aimer sans l'épouser? Voila le choix qui te reste à faire. L'honneur que tu dois au defunt est de respecter assés sa Veuve pour lui donner un mari plutôt qu'un amant, & si ta jeunesse te force à remplir sa place, n'est-ce pas rendre encore hommage à

sa

fa mémoire, de choifir un homme qui lui fut cher.

Quant à l'inégalité, je croirois t'offenfer de combattre une objection fi frivole, lorfqu'il s'agit de fageffe & de bonnes mœurs. Je ne connois d'inégalité deshonorante que celle qui vient du caractere ou de l'éducation. A quelque état que parvienne un homme imbu de maximes baffes, il eft toujours honteux de s'allier à lui. Mais un homme élévé dans des fentimens d'honneur eft l'égal de tout le monde, il n'y a point de rang où il ne foit à fa place. Tu fais quel étoit l'avis de ton pere même quand il fut queftion de moi pour notre ami. Sa famille eft honnête quoiqu'obfcure. Il jouït de l'eftime publique, il la mérite. Avec cela fut-il le dernier des hommes, encore ne faudroit-il pas balancer; car il vaut mieux déroger à la nobleffe qu'à la vertu, & la femme d'un Charbonnier

eft

eſt plus reſpectable que la maitreſſe d'un Prince.

J'entrevois bien encore une autre eſpece d'embarras dans la néceſſité de te déclarer la premiere ; car comme tu dois le ſentir, pour qu'il oſe aſpirer à toi, il faut que tu le lui permettes ; & c'eſt un des juſtes retours de l'inégalité, qu'elle coûte ſouvent au plus élevé des avances mortifiantes. Quant à cette difficulté, je te la pardonne, & j'avoue même qu'elle me paroitroit fort grave ſi je ne prenois ſoin de la lever : J'eſpere que tu comptes aſſés ſur ton amie pour croire que ce ſera ſans te compromettre ; de mon côté je compte aſſés ſur le ſuccès pour m'en charger avec confiance ; car quoi que vous m'ayez dit autrefois tous deux ſur la difficulté de tranformer une amie en maitreſſe, ſi je connois bien un cœur dans lequel j'ai trop appris à lire, je ne crois pas qu'en cette occaſion l'en-

tre-

treprife exige une grande habileté de ma part. Je te propofe donc de me laiffer charger de cette négociation , afin que tu puiffes te livrer au plaifir que te fera fon retour, fans miftére, fans regrets, fans danger , fans honte. Ah Coufine! quel charme pour moi de réunir à jamais deux cœurs fi bien faits l'un pour l'autre , & qui fe confondent depuis fi longtems dans le mien. Qu'ils s'y confondent mieux encore, s'il eft poffible; ne foyez plus qu'un pour vous & pour moi. Oui, ma Claire, tu ferviras encore ton amie en couronnant ton amour, & j'en ferai plus fûre de mes propres fentimens quand je ne pourrai plus les diftinguer entre vous.

Que fi, malgré mes raifons, ce projet ne te convient pas, mon avis eft qu'à quelque prix que ce foit nous écartions de nous cet homme dangereux, toujours redoutable à l'une ou à l'autre; car,

quoi

quoi qu'il arrive, l'éducation de nos enfans nous importe encore moins que la vertu de leurs méres. Jé te laiffe le tems de réfléchir fur tout ceci durant ton voyàge. Nous en parlerons après ton retour.

Je prends le parti de t'envoyer cette Lettre en droiture à Genève, parce que tu n'as dû coucher qu'une nuit à Laufanne & qu'elle ne t'y trouveroit plus. Apporte moi bien des détails de la petite République. Sur tout le bien qu'on dit de cette ville charmante, je t'estimerois heureufe de l'aller voir, fi je pouvois faire cas des plaifirs qu'on achette aux dépends de fes amis. Je n'ai jamais aimé le luxe, & je le hais maintenant de t'avoir otée à moi pour je ne fais combien d'années. Mon enfant, nous n'allames ni l'une ni l'autre faire nos emplettes de noce à Genève; mais quelque mérite que puiffe avoir ton frere, je doute que ta
Belle-

Belle-sœur soit plus heureuse avec sa dentelle de Flandre & ses étoffes des Indes, que nous dans notre simplicité. Je te charge pourtant, malgré ma rancune, de l'engager à venir faire la noce à Clarens. Mon pere écrit au tien, & mon mari à la mere de l'épouse pour les en prier: voilà les lettres, donne-les, & soutiens l'invitation de ton crédit renaissant; c'est tout ce que je puis faire pour que la fête ne se fasse pas sans moi: car je te déclare qu'à quelque prix que ce soit je ne veux pas quiter ma famille. Adieu, Cousine; un mot de tes nouvelles, & que je sache au moins quand je dois t'attendre. Voici le deuxieme jour depuis ton départ, & je ne sais plus vivre si long-tems sans toi.

P. S. Tandis que j'achevois cette lettre interrompüe, Mademoiselle Henriette se donnoit les airs d'écrire

aussi

auſſi de ſon côté. Comme je veux que les enfans diſent toujours ce qu'ils penſent & non ce qu'on leur fait dire, j'ai laiſſé la petite curieuſe écrire tout ce qu'elle a voulu, ſans y changer un ſeul mot. Troiſieme Lettre ajoûtée à la mienne. Je me doute bien que ce n'eſt pas encore celle que tu cherchois du coin de l'œil en furetant ce pacquet. Pour celle-là diſpenſe-toi de l'y chercher plus longtems, car tu ne là trouveras pas. Elle eſt addreſſée à Clarens; c'eſt à Clarens qu'elle doit être lue; arrange-toi là-deſſus.

L E T T R E XIV.

D'Henriette à sa mere.

Où êtes-vous donc, Maman? On dit que vous êtes à Genève, & que c'est si loin, si loin, qu'il faudroit marcher deux jours tout le jour pour vous atteindre: voulez-vous donc faire aussi le tour du monde? Mon petit papa est parti ce matin pour Etange; mon petit grand-papa est à la chasse; ma petite maman vient de s'enfermer pour écrire; il ne reste que ma mie Pernette & ma mie Fanchon. Mon Dieu! je ne sais plus comment tout va, mais depuis le départ de notre bon ami, tout le monde s'éparpille. Maman, vous avez commencé la premiere. On s'ennuyoit déja bien quand vous n'aviez plus personne à faire endêver; Oh! c'est encore pis depuis que vous êtes partie;

car

car la petite maman n'eſt pas, non plus de ſi bonne humeur que quand vous y êtes. Maman, mon petit mali ſe porte bien, mais il ne vous aime plus, parce que vous ne l'avez pas fait ſauter hier comme à l'ordinaire. Moi, je crois que je vous aimerois encore un peu ſi vous reveniez bien vîte, afin qu'on ne s'ennuyât pas tant. Si vous voulez m'appaiſer tout-à-fait, apportez à mon petit mali quelque choſe qui lui faſſe plaiſir. Pour l'appaiſer, lui, vous aurez bien l'eſprit de trouver auſſi ce qu'il faut faire. Ah mon Dieu! ſi notre bon ami étoit ici comme il l'auroit déja deviné! mon bel éventail eſt tout briſé; mon ajuſtement bleu n'eſt plus qu'un chiffon; ma piece de blonde eſt en loques; mes mitaines à jour ne valent plus rien. Bon jour, Maman; il faut finir ma Lettre, car la petite maman vient de finir la ſienne & ſort de ſon cabinet. Je crois qu'elle a les yeux rou-

rouges, mais je n'ose le lui dire ; mais en lisant ceci elle verra bien que je l'ai vû. Ma bonne Maman, que vous êtes méchante, si vous faites pleurer ma petite Maman!

P. S. J'embrasse mon grand-papa, j'embrasse mes oncles, j'embrasse ma nouvelle tante & sa maman ; j'embrasse tout le monde excepté vous. Maman, vous m'entendez bien ; je n'ai pas pour vous de si longs bras.

Fin de la Cinquieme partie.

SUITE DU CATALOGUE

DES

LIVRES.

Du Fond de M. M. REY, Libraire à Amſterdam.

PHiloſophie (la) applicable a tous les objets de l'Eſprit & de la raiſon par l'Abbé Terraſſon, 8. 2 vol.
Paris 1754. à f 1. 5 ſ.

Penſées ſur l'Interprétation de la Nature, par Diderot,
12. 1754. à 6 ſ.

Piéces de Litterature des années 1751, 1752, 1753. 12.
Amſt. 1754. à 15 ſ.

Porte-Feuille de J. B. Rouſſeau, 12. 2 vol. Amſt. 1751.

Principes du Droit de la Nature & des Gens, extrait
du grand ouvrage latin de Mr. De Wolff par Mr.
Formey, 12. 3 vol. Amſt. 1758. à f 3.

——— Le même ouvrage en 1 vol. 4. à f 4.

Pſeaumes grand 12, tout en Muſ. gros caractére,
Amſt. 1754.

——— les mêmes, premier Verſet en Muſique, ibid
1754.

Pſapion ou la Courtiſanne de Smirne, 8. 1749. à 10 ſ.

Recueil des Lions deſſinez d'après nature, par divers Maîtres & gravez par B. Picart diviſez en
6 livres, chacun de 6 Feuilles où 42 Planches, 4
1729. à f 4.

——— de Voyages au Nord, contenant des Mémoi-
res très utiles au Commerce & à la Navigation, des
Relations de la Tartarie, Siberie, Corée, Japon,
Nord de l'Amerique, Miſſiſſipi, Georgie, Nord de
l'Europe, Ruſſie, Samojédes, Iſlande, Groenland
&c. 12. 10 vol. fig. Amſt. 1723. à f 15.

——— de Voyages qui ont ſervi à l'étabiſſement des
Hollandois aux Indes Orientales, &c. 12. 12 vol.
fig. Amſt. 1754. à f 18.

——— de Voyages de Fr. Coreal aux Indes Occiden-
tales, Mexique, Perou, Chili, &c. avec les plans
des principales Villes occupées par les Eſpagnols en
Amerique, &c. 12. 3 vol. fig. ibid, à f 4. 10 ſ.